U0583368

吉林全書

史料編

②

吉林文史出版社

圖書在版編目（CIP）數據

吉林志略；吉林彙徵 /（清）郭熙楞撰．-- 長春：吉林文史出版社，2024. 12. --（吉林全書）. -- ISBN 978-7-5752-0822-2

Ⅰ. K293.4

中國國家版本館 CIP 數據核字第 2024H7B637 號

JILIN ZHI LÜE　JILIN HUI ZHENG

吉林志略　吉林彙徵

撰　　者　［清］郭熙楞
出 版 人　張　强
責任編輯　王　非　王麗娟
封面設計　溯成設計工作室
出版發行　吉林文史出版社
地　　址　長春市福祉大路5788號
郵　　編　130117
電　　話　0431-81629356
印　　刷　吉林省吉廣國際廣告股份有限公司
印　　張　24.75
字　　數　140千字
開　　本　787mm × 1092mm　1/16
版　　次　2024年12月第1版
印　　次　2024年12月第1次印刷
書　　號　ISBN 978-7-5752-0822-2
定　　價　125.00圓

《吉林全書》編纂委員會

總主編　曹路寶

史料編主編　胡維革　李德山　竭寶峰

《吉林全書》學術顧問委員會

學術顧問（按姓氏音序排列）

邴　正　陳紅彦　程章燦　杜澤遜　關樹東　黄愛平　黄顯功　江慶柏

姜偉東　姜小青　李花子　李書源　李　岩　李治亭　厲　聲　劉厚生

劉文鵬　全　勤　王　鍔　韋　力　姚伯岳　衣長春　張福有　張志清

總序

『長白雄東北，嵯峨俯塞州。』吉林省地處中國東北中心區域，是中華民族世代生存融合的重要地域，素有『白山松水』之地的美譽。歷史上，華夏、濊貊、肅慎和東胡族系先民很早就在這片土地上繁衍生息，高句麗、渤海國等中國東北少數民族政權在白山松水間長期存在，以契丹族、女真族、蒙古族、滿族融合漢族在内的多民族形成的遼、金、元、清四個朝代，共同賦予吉林歷史文化悠久獨特的優勢和魅力，決定了吉林文化不可替代的特色與價值，具有緊密呼應中華文化整體而又與衆不同的生命力量，見證了中華民族共同體的融鑄和我國統一多民族國家的形成與發展。

提到吉林，自古多以千里冰封的寒冷氣候爲人所知，一度是中原人士望而生畏的苦寒之地，一派肅殺之氣。再加上吉林文化在自身發展過程中存在着多次斷裂，致使衆多文獻湮没、典籍無徵，一時多少歷史文化精粹『明珠蒙塵』，因此，形成了一種吉林缺少歷史積澱，文化不若中原地區那般繁盛的偏見。實際上，在數千年的漫長歲月中，吉林大地上從未停止過文化創造，自青銅文明起，從先秦到秦漢，再到隋唐直至明清，吉林地區不僅文化上不輸中原地區，還對中華文化産生了深遠的影響，爲後人留下了衆多優秀古籍，涵養着吉林文化的根脉，猶如璀璨星辰，在歷史的浩瀚星空中閃耀着奪目光輝，標注着地方記憶的傳承與中華文明的賡續。我們需要站在新的歷史高度，用另一種眼光去重新審視吉林文化的深邃與廣闊，通過豐富的歷史文獻典籍去閱讀吉林文化的傳奇與輝煌。

吉林歷史文獻典籍之豐富，源自其歷代先民的興衰更替、生生不息。吉林文化是一個博大精深的體系，從左家山文化的『中華第一龍』，到西團山文化的青銅時代遺址，再到二龍湖遺址的燕國邊城，都見證了吉林大地的文明在中國歷史長河中的肆意奔流。早在兩千餘年前，高句麗人的《黄鳥歌》《人參贊》以及《留記》等文史作品就已在吉林誕生，成爲吉林地區文學和歷史作品的早期代表作。高句麗文人之《新集》，渤海國人『疆理雖重海，車書本一家』之詩篇，金代海陵王詩詞中的『一咏一吟，冠絶當時』，再到金代文學的『華實相扶，骨力遒上』，皆凸顯出吉林不遜文教、獨具風雅之本色。

吉林歷史文獻典籍之豐富，源自其地勢四達并流、山水環繞。吉林土地遼闊而肥沃，山河壯美而令人神往，吉林大地可耕可牧、可漁可獵，無門庭之限，亦無山河之隔，進出便捷，四通八達。沈兆禔在《吉林紀事詩》中寫道，『肅慎先徵孔氏書』，印證了東北邊疆與中原交往之久遠。早在夏代，居住於長白山脚下的肅慎族就與中原建立了聯係。一部《吉林通志》，『考四千年之沿革，挈領提綱；綜五千里之方輿，辨方正位』，從時間和空間兩個維度，寫盡吉林文化之淵源深長。

吉林歷史文獻典籍之豐富，源自其民風剛勁、民俗絢麗。《長白徵存録》寫道，『日在深山大澤之中，伍鹿豕、耦虎豹，非素嫻技藝，無以自衛』，描繪了吉林民風的剛勁無畏，爲吉林文化平添了幾分豪放之感。清代藏書家張金吾也在《金文最》中評議，『知北地之堅强，絶勝江南之柔弱』，足可見，吉林大地與生俱來的豪健英杰之氣。同時，與中原文化的交流互通，也使邊疆民俗與中原民俗相互影響、不斷融合，既體現出敢於拼搏、鋭意進取的開拓精神，又兼具脚踏實地、穩中求實的堅韌品格。

吉林歷史文獻典籍之豐富，源自其諸多名人志士、文化先賢。自古以來，吉林就是文化的交流彙聚之地，從遼、金、元到明、清，每一個時代的文人墨客都在這片土地留下了濃墨重彩的文化印記。特别是，清代東北流人的私塾和詩社，爲吉林注入了新的文化血液，用中原的文化因素教化和影響了東北的人文氣質和文化形態；至近代以『吉林三杰』宋小濂、徐鼐霖、成多禄爲代表的地方名賢，以及寓居吉林的吴大澂、金毓黻、劉建封等文化名家，將吉林文化提升到了一個全新的高度，他們的思想、詩歌、書法作品中無一不體現着吉林大地粗狂豪放、質樸豪爽的民族氣質和品格，滋養了孜孜矻矻的歷代後人。

盛世修典，以文化人，是中華民族延續至今的優良傳統。我們在歷史文獻典籍中尋找探究有價值、有意義的歷史文化遺産，於無聲中見證了中華文明的傳承與發展。吉林省歷來重視地方古籍與檔案文獻的整理出版。自二十世紀八十年代以來，李澍田教授組織編撰的《長白叢書》，開啓了系統性整理、組織化研究吉林文獻典籍的先河，贏得了『北有長白，南有嶺南』的美譽；進入新時代以來，鄭毅教授主編的《長白文庫》叢書，繼續肩負了保護、整理吉林地方傳統文化典籍，弘揚民族精神的歷史使命，從大文化的角度折射出吉林文化的繽紛异彩。隨着《中國東北史》和《吉林通史》等一大批歷史文化學術著作的問世，形成了獨具吉林特色的歷史文化研究學術體系和話語體系，對融通古今、賡續文脉發揮了十分重要的作用。正是擁有一代又一代富有鄉邦情懷的吉林文化人的辛勤付出和豐碩成果，使我們具備了進一步完整呈現吉林歷史文化發展全貌，淬煉吉林地域文化之魂的堅實基礎和堅定信心。

當前，吉林振興發展正處在滾石上山、爬坡過坎的關鍵時期，機遇與挑戰并存，困難與希望同在。站在這樣的歷史節點，迫切需要我們堅持高度的歷史自覺和人文情懷，以文獻典籍爲載體，全方位梳理和展示吉林政治、經濟、社會、文化發展的歷史脉絡，讓更多人瞭解吉林歷史文化的厚度和深度，感受這片土地獨有的文化基因和精神氣質。

鑒於此，吉林省委、省政府作出了實施《吉林全書》編纂文化傳承工程的重大文化戰略部署，這不僅是深入學習貫徹習近平文化思想、認真落實黨中央關於推進新時代古籍工作要求的務實之舉，也是推進吉林優秀傳統文化保護傳承、建設文化强省的重要舉措。歷史文獻典籍是中華文明歷經滄桑留下的最寶貴的東西，是吉林優秀歷史文化『物』的載體，彙聚了古人思想的寶藏、先賢智慧的結晶。對歷史最好的繼承，就是創造新的歷史。傳承延續好這些寶貴的民族記憶，就是要通過深入挖掘古籍藴含的哲學思想、人文精神、價值理念、道德規範，推動中華優秀傳統文化創造性轉化、創新性發展，作用于當下以及未來的經濟社會發展，更好地用歷史映照現實、遠觀未來。這是我們這代人的使命，也是歷史和時代的要求。

從《長白叢書》的分散收集，到《長白文庫》的萃取收録，再到《吉林全書》的全面整理，以歷史原貌和文化全景的角度，進一步闡釋了吉林地方文明在中華文明多元一體進程中的地位作用，講述了吉林人民在不同歷史階段爲全國政治、經濟、文化繁榮所作的突出貢獻，勾勒出吉林文化的質實貞剛和吉林精神的雄健磊落、慷慨激昂，引導全省廣大幹部群衆更好地瞭解歷史、瞭解吉林，挺起文化脊梁、樹立文化自信，不斷增强砥礪奮進的恒心、韌勁和定力，持續激發創新創造活力，提振幹事創業的精氣神，爲吉林高品質發展明顯進位、全面振興取得新突破提供有力文化支撑，彙聚强大精神力量。

爲扎實推進《吉林全書》編纂文化傳承工程，我們組建了以吉林東北亞出版傳媒集團爲主體，涵蓋高等院校、研究院所、新聞出版、圖書館、博物館等多個領域專業人員的《吉林全書》編纂委員會，并吸收國内知名清史、民族史、遼金史、東北史、古典文獻學、古籍保護、數字技術等領域專家學者組成顧問委員會，經過認真調研、反復論證，形成了《〈吉林全書〉編纂文化傳承工程實施方案》，確定了『收集要全、整理要細、研究要深、出版要精』的工作原則，明確提出在編纂過程中不選編、不新創，尊重原本、致力全編，力求全方位展現吉林文化的多元性和完整性。在做好充分準備的基礎上，《吉林全書》編纂文化傳承工程於二〇二四年五月正式啓動。

爲高質量完成編纂工作，編委會對吉林古籍文獻進行了空前的彙集，廣泛聯絡國内衆多館藏單位，尋訪民間收藏人士，重點以吉林省方志館、東北師範大學圖書館、長春師範大學圖書館、吉林省社科院爲收集源頭開展了全面的挖掘、整理和集納；同時，還與國家圖書館、上海圖書館、南京圖書館、遼寧省圖書館、吉林省圖書館、吉林市圖書館等館藏單位及各地藏書家進行對接洽談，獲取了充分而精准的文獻信息。同時，專家學者們也通過各界友人廣徵稀見，在法國國家圖書館、日本國立國會圖書館、韓國國立中央圖書館等海外館藏機構搜集到諸多珍貴文獻。在此基礎上，我們以審慎的態度對收集的書目進行甄別、分類、整理和研究，形成了擬收録的典藏文獻名録，分爲著述編、史料編、雜集編和特編四個類别。此次編纂工程不同於以往之處，在於充分考慮吉林的地理位置和歷史變遷，將散落海内外的日文、朝鮮文、俄文、英文等不同文字的相關文獻典籍一并集納收録，并以原文搭配譯文的形式收於特編之中。截至目前，我們已陸續對一批底本最善、價值較高的珍稀古籍進行影印出版，爲館藏單位、科研機構、高校院所以及歷史文化研究者、愛好者提供參考和借鑒。

『周雖舊邦，其命維新』，文獻典籍最重要的價值在於活化利用。編纂《吉林全書》并不意味着把古籍束之高閣，而是要在『整理古籍、複印古書』的基礎上，加强對歷史文化發展脉絡的前後貫通、左右印證，更好地服務於對吉林歷史文化的深入挖掘研究。爲此，我們同步啓動實施了『吉林文脉傳承工程』，旨在通過『研究古籍、出版新書』，讓相關學術研究成果以新編新創的形式著述出版，借助歷史智慧和文化滋養，通過創造性轉化、創新性發展，探尋當前和未來的發展之路，以守正創新的正氣和鋭氣，賡續歷史文脉、譜寫當代華章。

做好《吉林全書》編纂文化傳承工程是一項『汲古潤今，澤惠後世』的文化事業，責任重大、使命光榮。我們將秉持敬畏歷史、敬畏文化之心，以精益求精、止於至善的工作信念，上下求索、耕耘不輟，爲實現文化種子『藏之名山，傳之後世』的美好願景作出貢獻。

《吉林全書》編纂委員會

二〇二四年十二月

凡例

一、《吉林全書》（以下簡稱《全書》）旨在全面系統收集整理和保護利用吉林歷史文獻典籍，傳播弘揚吉林歷史文化，推動中華優秀傳統文化傳承發展。

二、《全書》收録文獻地域範圍，首先依據吉林省當前行政區劃，然後上溯至清代吉林將軍、寧古塔將軍所轄區域内的各類文獻。

三、《全書》收録文獻的時間範圍，分爲三個歷史時段，即一九一一年以前，一九一二至一九四九年，一九四九年以後。每個歷史時段的收録原則不同，即一九一一年以前的重要歷史文獻，收集要『全』；一九一二至一九四九年間的重要典籍文獻，收集要『精』；一九四九年以後的著述豐富多彩，收集要『精益求精』。

四、《全書》所收文獻以『吉林』爲核心，着重收録歷代吉林籍作者的代表性著述，流寓吉林的學人著述，以及其他以吉林爲研究對象的專門著述。

五、《全書》立足於已有文獻典籍的梳理、研究，不新編、新著、新創。出版方式是重印、重刻。

六、《全書》按收録文獻内容，分爲著述編、史料編、雜集編和特編四類。

著述編收録吉林籍官員、學者、文人的代表性著作，亦包括非吉林籍人士流寓吉林期間創作的著作。作品主要爲個人文集，如詩集、文集、詞集、書畫集等。

史料編以歷史時間爲軸，收録一九四九年以前的歷史檔案、史料、著述，包含吉林的考古、歷史、地理資料等；收録吉林歷代方志，包括省志、府縣志、專志、鄉村村約、碑銘格言、家訓家譜等。

雜集編收録關於吉林的政治、經濟、文化、教育、社會生活、人物典故、風物人情的著述。

特編收録就吉林特定選題而研究編著的特殊體例形式的著述。重點研究認定『滿鐵』文史研究資料和東北亞各民族不同語言文字的典籍等。關於特殊歷史時期，比如，東北淪陷時期日本人以日文編寫的『滿鐵』資料作爲專題進行研究，以書目形式留存，或進行數字化處理。開展對滿文、蒙古文，高句麗史、渤海史、遼金史的研究，對國外研究東北地區史和高句麗史、渤海史、遼金史的研究成果，先作爲資料留存。

七、《全書》出版形式以影印爲主，影印古籍的字體版式與文獻底本基本保持一致。

八、《全書》整體設計以正十六開開本爲主，對於部分特殊内容，如，考古資料等書籍采用一比一的比例還原呈現。

九、《全書》影印文獻每種均撰寫提要或出版説明，介紹作者生平、文獻内容、版本源流、文獻價值等情況。影印底本原有批校、題跋、印鑒等，均予保留。底本有漫漶不清或缺頁者，酌情予以配補。

十、《全書》所收文獻根據篇幅編排分册，篇幅適中者單獨成册，篇幅較大者分爲序號相連的若干册，篇幅較小者按類型相近或著作歸屬原則數種合編一册。數種文獻合編一册以及一種文獻分成若干册的，頁碼均單排。若一本書中收録兩種及以上的文獻，將設置目録。各册按所在各編下屬細類及全書編目順序編排序號，全書總序號則根據出版時間的先後順序排列。

目録

吉林志略

提要

《吉林志略》又名《吉林省志略》。光緒八年（一八八二）成書，共二册，約六萬五千字。

《吉林志略》主要版本可分爲兩類，即光緒八年（一八八二）成書，［清］漸西村舍稿本，藏於中國民族圖書館；中國民族圖書館據光緒八年（一八八二）稿本影印本，封面題簽《吉林省志略》。

《吉林志略》無纂修人、無序跋、無目次。内容廣泛龐雜。上册主要爲吉林將軍銘安等人有關政務、建置、財政、武備、軍餉、學額等方面的奏摺，計有奏請添設吉林府知府等缺的奏摺，在雙城堡、寧古塔、三姓等地添設民官的奏摺，將吉林廳改爲府治及『籌廉體、修城垣、建衙署、興學校、設弁兵』等事宜的奏摺，等等。有些内容的記載較《吉林通志》等書還要詳細。從記事時間看，下限迄於光緒八年（一八八二）。而且以這一年的事記載最多，最詳。比如，農安於光緒八年（一八八二）設分防照磨後，武備及各地有關學務等方面的記載，都很詳細。下册和上册的内容完全不同，亦無内在聯係，主要記述了涉及吉林城驛站、造船、歲貢、軍備等諸多内容。

《吉林志略》的内容全面反映了光緒初吉林政治、經濟及教育等方面的情况。特别是其奏摺間接反映出人民生活困苦和社會日趨不安定的情景，亦反映出人民在戰争中的死亡情况和反抗情况。下册有吉林城與各地的距離，記載了三百多處地方的名稱和里數，還有數十處驛站地名甚爲詳細，對研究東北地理有很大參考價值。

爲盡可能保存古籍底本原貌，本書做影印出版，因此，書中個別特定歷史背景下的作者觀點及表述内容，不代表編者的學術觀點和編纂原則。

光緒八年六月初七日奉到

吏部為知照事文選司案呈內閣抄出吉林將軍銘 等

奏請添設吉林府知府等缺遵

旨會奏一摺於光緒八年五月二十日具奏奉

旨依議欽此相應粘連原奏知照可也須至咨者

計粘連原奏一紙

吏部等部謹

奏為遵

旨會議具奏事內閣抄出吉林將軍銘安等奏稱竊奴才前以吉

省應設民官甚多因本地籌款維艱勢難一齊舉辦先請

添設賓州廳五常廳敦化縣三處正印教佐等官當於光緒六年十二月初八日專摺具奏奉

旨飭部核准並由奴才委員試署在案現在收取荒價勸辦斗稅又歷一年積有成數所有應行添設升改各缺自當及時

擬議請

旨遵行查雙城堡地方距省四百餘里為省城東北之門户界外均有民官治理惟該堡與拉林地方公事仍係旗員經管未免向隅奴才札派差委道顧肇熙前往查勘何處可以添官建署飭令繪圖禀覆去後旋據該道禀稱遵查雙城堡在省城東北四百八十里本屬拉林舊地自嘉慶年間

移撥京旗設立村屯劃歸堡屬者東西相距一百三十里
南北相距七十里四面仍皆拉林界現在堡城商賈雲集
户口頗多較拉林爲盛自應在該堡城内添設民官以資
撫揖拉林但設分防足以佐治惟地界則當併拉林所屬
統歸雙城管轄方覺整齊東面本與阿勒楚喀以古城店
分界古城店之東今屬賓州廳界店西應屬雙城東南本
與五常堡以莫勒恩河分界河南今屬五常廳界河北應
屬雙城南面西面均與伯都訥以拉林河分界河南河西
爲伯都訥廳界河東河北應屬雙城北面本與黑龍江以
松花江分界江北爲呼蘭廳界江南應屬雙城如此劃分

雙城地勢寔居拉林之適中為省北之屏幛形勢宏敞庶
務殷煩將來建立衙署監獄以及巡檢捕衙修造城垣祠
廟均有隙地足敷布置第東南距拉林一隅有遠在百里
以外者尚恐鞭長莫及兼顧難周應請於拉林地方設立
分防衙署緝捕之餘藉資佐理等語並繪具地圖覆稟前
來奴才前請在雙城堡拉林地方添設撫民通判分防巡檢
等官並擬將堡城總管一缺裁撤改設協領一員業經附
片瀝陳仰蒙
俞允在案旣據該道覆勘明確稟稱雙城堡商賈輻輳事務殷
煩亟須添設民官以資治理請仍照前奏在雙城堡設立

撫民同判一員名曰雙城廳另設巡檢監司獄事一員管理監獄訓導一員振興學校拉林分設巡檢一員向歸雙城廳統屬其雙城堡原設總管一缺即請裁撤改設協領一員專司緝捕及一切旗務除雙城拉林上稅一項照新設賓州五常各廳均歸旗署徵解之例仍應由雙城拉林旗署徵解外其餘一切租稅均歸新設民官徵收詞訟命盜案件均歸民官審理以一事權此雙城堡拉林擬設廳官教佐各員之情形也又查伊通距省二百餘里為省西最要咽喉向歸吉林廳管轄地方遼濶治理難周必須添設民官劃疆分治方能通聲教而輯人民奴才扎派差妥道

顧肇熙本任吉林廳同知善慶前往查勘何處可以添官建署飭令繪圖稟覆去後旋據該道等稟稱勘得伊通河在省西二百八十里西至威遠堡門二百七十里係奉天界北至長春廳一百餘里南至圍塲荒地二百餘里爲長吉兩廳之門户吉黑兩省之通衢前山後河中有大道勢極扼要當衝商賈雲集居民櫛比復勘周圍東西南北三里能於此處修城建署並設倉庫監獄學署祠廟確於地理相宜至於勘分界址正南至小伊通河七十里河南屬奉天界河北屬伊通正西至威遠堡門二百七十里門西屬奉天界門東屬伊通東南至那爾叫嶺三百四十里嶺

南屬吉林嶺北屬伊通西南至黑瞎子背嶺三十里嶺南屬奉天嶺北屬伊通西北至二十家子邊壕壕北屬奉天界壕南屬伊通正東自距伊通五十里之石頭河子分界河東屬吉林河西屬伊通東北自距伊通一百三十里之小河台邊壕分界壕東屬吉林壕西屬伊通如此劃分似屬整齊惟伊通河設立有衙門距圍場二三百里難期兼顧今勘得迤南一百六十里之磨盤山東西寬三里南北長五里前通當石河至輝發河入大江後靠椅子等山局勢寬平居圍荒之適中亦宜添設分防以輔其治伊通既擬添設正印官則所分界內舊有租賦自應均歸新設之

員經徵除俟圍荒放竣後照例升科報部歸伊通徵租外所有石頭河子小河台迤西迤南現擬與吉林廳分界之處應徵地丁銀米約數在二萬零五百兩有奇均劃歸伊通經徵以期撫字催科責成並重惟吉林廳原徵賦額不過五萬兩有奇今遽劃出少半亦應設法籌補查圍場邊荒前於咸豐同治年間先後出放荒地十牌共地六萬七千三百餘晌現在該處正當勘丈併浮多計之約在十萬晌此項地畝每晌向收大租錢六百文小租錢六十文由戶司經徵而地屬吉林廳管轄遇有佃民詞訟事件均歸廳官管理如將大小租撥歸吉林廳徵收寔屬民官兩便

等語並繪具地圖稟覆前來奴才詳核該道等所稟各節均
尚妥協即請在伊通設立知州一員名曰伊通州該處舊
有吉林分防巡檢一員改為吏目管理伊通監獄添設訓
導一員振興學校磨盤山分設巡檢一員即由伊通州統
屬至勘分界址及經徵租賦審理詞訟悉應如所稟辦理
此伊通磨盤山擬設正印教佐各官之情形也夫新設各
缺既已措置咸宜治理可期一律而舊設三廳亦應變通
盡利政教庶免兩歧溯查奴才前奏變通官制增設府廳州
縣一摺奉到部咨内開該將軍請將吉林廳理事同知升
為府治改設分府原設吉林廳巡檢改為府經歷兼管司

獄事伯都訥原設理事同知改為撫民同知原設孤榆樹
巡檢兼管司獄事長春廳原設理事同通判改為撫民同
知原設巡檢兼管司獄事農安添設分防照磨一員靠山
屯添設分防經歷一員並據奏稱吉林三廳向專管旗人
戶婚各事皆用理事人員今民戶眾多政務殷煩與從前
情形不同請與新設之同通州縣均加理事銜滿漢兼用
之處自係因地制宜整頓吏治起見惟添設改設各缺總
期官民相安方臻妥善應請
旨飭令該將軍休察情形通籌全局詳細分別奏明辦理等因
奏奉

諭旨依議欽此欽遵咨行前來伏思吉林廳理事同知駐守省垣幅員遼濶管轄本屬難周且近來荒地日開民居日密戶婚詞訟命盜之案倍多於前只以同知獨任其事權輕責重地寬事煩難免有顧此失彼之虞擬請將吉林廳理事同知一缺升為府治改設知府名曰吉林府仿照熱河承德府奉天昌圖府之例仍歸地面詞訟錢粮各事新設之伊通州歸其統屬並將原設吉林巡檢一缺升為府經歷管司獄事學正一缺升為府教授以符体制其吉林府應分界址東至張廣才嶺為界計二百里外至敦化縣東南至樺樹林子荒為界外至官山西南至太陽川為界計

二百餘里外至伊通州西至石頭河子為界計二百三十里外至伊通州西北至小河台為界計二百一十里外至長春廳北至法特哈邊門為界計二百一十里外至伯都訥東北至舒蘭荒耘字四牌為界外至五常廳如此劃明疆界各專責成庶免互相推委至伯都訥廳理事同知一缺照原奏改為撫民同知加理事銜長春廳理事通判一缺毋庸升為撫民同知請改為撫民通判加理事銜農安地當衝要生聚日煩請照原奏添設分防照磨一員歸長春廳統屬靠山地方民户無多該廳可以兼顧毋庸另設分防經歷此吉林舊設三廳擬請升改各官之情形也惟

本年十月十一日接准吏部咨開以奉天向無理事同知通判員缺准其揀發曾任正途不分滿漢酌量補明文該將軍請將吉林理事同通三廳仿照奉天章程由揀發曾任正途不分滿漢酌量補用之處應毋庸議等因維時吉林舊設三廳尚未奏明請升改均係理事同知通判格於成例是以吏部奏駁查奉天昌圖廳同知改為知府請由外揀員升補

興京理事通判改為撫民同知亦請不論滿漢兼用均加理事銜照例將揀發人員請補均經吏部奏准在案現在吉林廳理事同知升為知府應請仍照奉天昌圖府之例由

外揀員升補伯都訥廳改為撫民同知長春廳改為撫民
通判亦請仿照奉天
興京撫民同知之例仍請由揀發曾任寔缺各員不論滿漢
酌量補用庶與新設各廳州縣統歸一律寔於政治有裨
以上添設升改正印教佐各官如蒙
俞允應請
旨飭部鑄造關防印信鈐記迅即頒發以昭信守其定缺分籌
廉俸修城垣建衙署興學校設弁兵應行詳議章程謹另
繕清單恭呈
御覽並繪具雙城堡伊通各處地圖貼說咨呈軍機處備查合

無仰懇
天恩
飭部迅速議覆以便奴才奉到部文即行遴委妥員奏明試辦試
署俟二三年後如果辦理裕如再請寔授各官應發廉俸
役食勇粮及修建各項工程仍請照奴才前奏照數概發寔
銀以重地方而求寔濟其餘未盡事宜奴才當再隨時体察
情形悉心籌畫妥議再
奏除甯古塔三姓琿春等處應設民官由奴才致函督辦甯古
塔等處事宜太僕寺卿吳大澂就近体察情形妥商定擬
再行另摺奏

聞等因光緒七年十二月初九日軍機大臣奉
旨該部議奏單一件片四件併發欽此欽遵抄出到部查吉林
地方前據該將軍奏稱近年以來民愈窮而愈悍賊愈勦
而愈滋若不亟設民官劃疆分治政刑以化其梗頑教養
以遂其生成專恃武功撫馭失宜不惟重煩兵力且恐若
火燎原益難撲滅等語與所屬文武紳耆悉心討論皆以為
地廣人多非有地方親民之官不足資治理擬請以尤為
衝要之區酌中設立廳縣教佐等官並將吉林廳升為府
治長春廳通判改為同知俾資治理協佐防校等官不准
干預地方詞訟以示限制而一事權惟添設廳縣則創葺

城垣等項所費不貲當此庫款支絀之時斷不能另請撥款祇有就地興利以本地所籌供本地所需現已派員前往查勘荒地照章改收押荒並試辦斗稅擬以斗稅荒價二款作爲添官一切之用度將來廉俸各項用款亦由斗稅荒租項下動支所有擬添之官須俟款項籌有端倪方能陸續添設等因當經臣部查勘該將軍所奏添設各缺及請加理事銜滿漢兼用之處自係因地制宜整頓吏治起見惟添設改設各缺總期官民相安方臻妥善應請旨飭下該署將軍體察情形通籌全局詳細分别奏明辦理等因光緒四年十二月十八日具奏奉

旨依議欽此欽遵在案茲據該將軍奏稱阿勒楚喀五常堡阿
克敦城三處放荒已著有成效生聚日煩商賈輻輳亟應
添設民官委員試辦請在葦子溝等處設立賓州廳撫民
同知等缺經臣部會同各部議准於光緒七年六月二十
日具奏奉

旨依議欽此欽遵亦在案今復據該將軍奏稱現在收取荒價
辦斗稅又歷一年積有成數所有應行添設升改各缺自
當及時擬議查雙城堡地方商賈輻輳事務殷煩添設民
官以資治理請在雙城堡設立撫民通判一員名曰雙城
廳另設巡檢兼司獄事一員管理監獄訓導一員振興學校

拉林分設巡檢一員又查伊通距省二百餘里爲省西最要咽喉向歸吉林廳管轄地方遼濶治理難周必須添設民官劃疆分治方能通聲教而輯人民即請在伊通設立知州一員名曰伊通州該處舊有吉林分防巡檢一員改爲吏目管理伊通監獄訓導一員振興學校磨盤山分防巡檢一員即由伊通州統屬復思吉林廳理事同知駐守省垣幅幀遼闊管轄本屬難周且近年荒地日闢民居日密户婚詞訟命盜之案倍多於前只一同知獨任其事權輕責重地廣事煩難免有顧此失彼之虞擬請吉林廳理事同知一缺升爲府治改設知府名曰吉林府並將原設

巡檢一缺升為府經歷管司獄事學正一缺升為府教授
以符体制至伯都訥廳理事同知一缺改為撫民同知加
理事銜長春廳理事通判一缺改為撫民通判加理事銜
農安地當衝要生聚日煩請添設分防照磨一員歸長春
廳統屬等語查該將軍係為慎重邊地因事制宜起見自
應准如所請於雙城地方添設雙城廳撫民通判一缺巡
檢兼司獄事一缺訓導一缺拉林分防巡檢一缺伊通添
設伊通州知州一缺並將伊通分防巡檢一缺即行裁撤
添設伊通州吏目一缺管理監獄訓導一缺磨盤山分防
巡檢一缺均歸伊通州管轄吉林廳理事同知一缺亦即

裁撤添設吉林府知府一缺吉林廳原設巡檢一缺即行
裁撤添設府經歷一缺管司獄事學正一缺即行裁撤添
設府教授一缺並將伯都訥理事同知一缺改為撫民同
知長春廳理事通判一缺改為撫民通判農安地方添設
通判照磨一員歸長春廳統屬並准將新設之伯都訥撫
民同知長春廳撫民通判二缺均加理事銜今既將伯都
訥理事各缺改為撫民此外別無理事員缺其前次揀發
到省尚未補缺之理事同知通判各員無缺可補應即撤
回令其赴部各歸原班分別辦理至現任吉林理事同知
伯都訥理事同知長春廳理事通判各缺既經裁撤其現

任之員亦即撤回留省歸入裁缺即用班内另補所有添
設之雙城廳訓導伊通州訓導二缺均應作為經制之缺
並將升設吉林府教授一缺均俟
命下之日臣部照例歸於月分銓選所有添設改設各缺現委
何員試署應令該將軍詳細奏明報部其雙城堡城總管
一缺裁撤改設協領一員專司緝捕及一切旗務兵部查
吉林雙城堡原設副都統銜總管一員佐領七員驍騎校八
員由佐領内派委協領二員由驍騎校内派委佐領一員
委防禦二員嗣經將軍銘安等奏雙城堡擬設廳官地方
一切事宜歸其經理而總管無所事行且職分較崇與廳

官同城辦事亦多窒碍擬請仍於該處改設協領一員專司緝捕及一切旗務等因光緒七年十月十七日軍機大臣奉

旨著照所請該部知道欽此欽遵在案今原奏内稱雙城堡事務殷煩請添撫民通判等官以資治理其雙城堡原設總管一缺即請裁撤改設協領一員專司緝捕及一切旗務除雙城拉林土稅一項仍由旗署征解外其餘一切租稅均歸新設民官征收詞訟命盗案件均歸民官審理等語臣等復加核議將軍所請係為因時制宜起見自應仍遵

上年

諭旨將雙城堡副都統銜總管裁撤改設協領專司旗務惟查

雙城堡總管條請

旨簡放缺現現總管清瑞業經出缺其新改協領一缺應由該

將軍於應升人員内照例揀選擬定正陪咨部轉行該旗

帶領引

見補放以符定制至新改協領專司緝捕及征收土税尚有疎

防並經征不力應令奏參交部議處一切租税均歸新設

民官征收户部原奏内稱雙城堡添設撫民通判一員請

將原設民管一缺撤裁改設協領一員專司緝捕及一切

旗務除雙城拉林土税一項照新設賓州五常各廳均歸

旗署征解之例應由雙城拉林旗署征解外其餘一切租稅均歸新設民官征收查該將軍前奏請添設賓州五常各廳事宜摺内並未議及土稅歸旗署征收今此次奏添雙城廳撫民通判一員將原設総管一缺裁撤改設協領一員專司緝捕旗務一切租稅均歸新設民官征收旗民分治尚屬責有攸歸何以將土稅一項又歸旗署征收辦理殊欠畫一且查該將軍變通官制摺内聲明將來民官設齊所有民地錢粮詞訟專歸該廳州縣經管協佐防校等官秖准管理旗務緝捕盗賊不准干預地方公事以示限制再查前添賓州五常五各廳應征土稅一項並無奏

明歸旗署征收案據所有此次添設撫民通判一員該地方應征一切租稅等款均准其歸於新設民官經征旗員不准干預仍將先後添改府廳州縣等官分管經征各項租賦錢粮每年征收數目趕緊分界造具租稅各目錢粮各細數清冊專案送部以憑計核勿稍遲延遺漏一切命盜案件户婚田土刑部查官員經理一切命盜案件定例已載有明文今該將軍請於雙城地方添設雙城廳撫民通判一缺巡檢兼司獄事一缺拉林分防巡檢一缺伊通添設伊通州知州一缺吏目一缺管理監獄磨盤山分防巡檢一缺吉林廳改設吉林府知府一缺府經歷一缺管司

獄事並將伯都訥理事同知長春廳理事通判改為撫民同知通判加理事銜長安地方添設分防照磨一缺係為邊地遼闊劃疆分治起見所有一切命盜案件應令新設之官各專責成查照定例辦理臣部查其各案參限均應按照例定限期扣限查參隨時報部以憑核議戶部查原奏内稱添改府廳等官既經吏部議准添設所有地方戶婚田土細故應如該將軍所請准其各按疆界審理仍將劃分界限經征一切租税等款錢糧數目及各處所管界限村屯旗民户口鄉保花名分别造具細册先行專案送部以憑稽核添設升設正印教佐各官鑄造關防印信鈐

記禮部查定例文武官員印信由吏兵二部議准撰擬字樣送部鑄造等語今吉林雙城堡總管一缺裁撤改設協領一員又添設雙城廳撫民通判一缺巡檢監司獄事一缺訓導一缺拉林分防巡檢一缺伊通州知州一缺伊通分防巡檢一缺裁撤添設伊通州吏目管理監獄訓導一缺磨盤山分防巡檢一缺又吉林廳理事同知一缺裁撤添設吉林府知府一缺原設巡檢一缺裁撤添設府經歷管司獄事學正一缺升為府教授至伯都訥理事同知一缺改為撫民同知長春廳理事通判一缺改為撫民通判農安添設分防照磨一缺既經吏兵二部議准自應鑄給

雙城堡協領關防一顆雙城廳撫民通判關防一顆巡檢兼司獄事印一顆儒學條記一顆拉林巡檢司印一顆伊通州印一顆伊通州吏目條記一顆儒學條記一顆磨盤山巡檢司印一顆吉林府印一顆府經歷管司獄事印一顆府儒學印一顆伯都訥撫民同知關防一顆長春廳撫民通判關防一顆農安分防照磨印一顆以昭信守恭候

命下由吏兵二部撰擬字樣送部鑄造其原頒之吉林雙城堡總管關防伊通分防巡檢司印吉林廳理事同知關防吉林廳巡檢司印吉林廳學正條記伯都訥廳理事同知關防長春廳理事通判關防俟新鑄印信關防頒到時行鎸

刻繳字送部銷燬所有定缺分籌廉俸修城垣建衙署與

學校設弁兵各事宜另繕夾單恭呈

御覽其餘一切未盡事宜應令該將軍等詳細妥議章程奏明

辦理謹將臣等遵

旨會議緣由繕摺具

奏伏乞

聖鑒

訓示遵行再此摺係吏部主稿會同各部辦理合併聲明謹

奏

謹將臣等遵

旨核議吉林將軍銘安奏請將吉林廳升為府治並添設改設同通教佐等官籌廉俸修城垣建衙署興學校設弁兵各事宜敬繕清單恭呈

御覽

一各缺煩簡應詳定也查吉林廳理事同知本係中缺今擬升為吉林府知府管轄一州並自理地面各事政務既煩責任尤重應請定為煩疲難題調要缺伯都訥廳理事同知係中缺今擬改為撫民同知加理事銜該廳所管地面俱係邊地要區蒙民兼理應請定為煩疲難題調近邊要缺長春廳理事通判本係要缺今擬改為撫民通判加

理事銜該廳地當冲要蒙民襍處政務殷煩應請定為冲
煩難題調近邊要缺其添設之雙城廳撫民通判請加理
事同知銜該廳兼轄拉林地寬民疲復有自理地方之責
應請定為疲難中缺新設之伊通州知州請加理事同知
銜該州地係通衢事務煩重應請定為冲煩難題調近邊
要缺以上各缺惟雙城廳遇有缺出照例歸部揀補如本
省有應補人員亦准由外扣留以候補委用人員奏補其
吉林府伯都訥廳長春廳伊通州均查照吏部前次議覆
賓州等廳之例遇有缺出俱准升調兼行應由該將軍酌
量具題如無合例堪以升調之員准於候補並揀發委用

人員內不論滿漢揀員題補均照例定為三年俸滿著有成效即由該將軍出具考語知府則送部引見候旨簡用同知通判知州則保薦以應升之缺升用之新設分防農安照磨一缺拉林磨盤山巡檢二缺及伯都訥舊設巡檢一缺亦均分司巡緝兼理詞訟吉林府經歷一缺孤榆樹屯長春廳雙城廳伊通州管獄巡檢吏目四缺雖無地方之責而監獄尤關緊要除雙城廳及拉林巡檢作為中缺外其餘均作為要缺請於通省候補揀發人員內酌量補用三年俸滿歷准保題升用如不稱職分別撤參以示

勸懲等因吏部查定例內載各省知縣以上官員如遇例
應題調缺出俱准升調兼行聽該督撫酌量具題又各省
道府同知直隸州知州通判知州如係奉
旨命往或督撫題明留於該省候補者並試用人員因軍功出
力保奏儘先補用及同知以下各官拏獲盜犯等項引
見發往原省以何項補用並著有勞績經該督撫保奏奏
旨儘先補用遇缺即補者均毋論應題應調應選之缺令該督
撫酌量才具擇其人地相宜者悉准先儘補用又佐雜等
官惟咨報要缺者令該督撫於現任內揀選調補其有
命往以佐雜補用及留於該省候補並曾經咨署得缺未經寔

授緣事雜任仍赴原省者亦准酌量揀選補用又佐雜等官如遇部選缺出用候補一人委用一人捐納一人候補一人委用一人捐納一人捐輸一人候補一人委用一人議敘一人按班挨補又奉天昌圖廳通判照磨一缺定為三年俸滿如果著有成效令該府尹等詳加察看出具切寔考語咨部以應升之缺歸入即升班內令其在任候升其才不勝任者即隨時撤回另行揀員升補各等語又奏定章程內開道府同知直隸州通判遇輪補升調遺病故休選缺先儘候補班前酌補一人次將候補正班酌補一人如遇改教調補選亦將候補班前與候補正班酌量請

補丁憂終養迴避撤回選缺先儘正途出身之
記名分發人員酌補如
記名分發無人始准以各項候補班前候補正班酌補又昌圖
廳同知原係昌圖理事通判嗣經奏定改為邊海撫民同
知加四品銜管同知事作為最要題調之缺在奉天通省
同知通判州縣內擇其在奉年久熟悉情形之員奏請升
調如遇通判州縣保升者令其送部引
見恭候
欽定均俟三年邊俸期滿如果著有成效由該府尹等將寔在
政績詳細聲叙出具切寔考語送部引

見以知府升用倘升調之員未能勝任立即調回毋庸拘於年
限等因同治三年四月十五日具奏奉
旨依議欽此又奏定將昌圖廳經歷應照昌圖廳同知俸滿即升
辦理俟三年俸滿如無違碍處分令該兼管府尹等出具
切寔考語咨部開缺以應升之缺升用未升以前仍以原
官補用其有調補之員如不勝任立即調回另行遴員補
其額勒克巡檢三年俸滿咨部開缺應照昌圖廳經歷一
律辦理惟棃樹城照磨該省並無升途亦無原官可補自
應仍照定例三年俸滿如果著有成效令該府尹等詳加
察看出具切寔考語咨部以應升之缺歸入即升班内令

其在任候升其才不勝任者即隨時撤回另行揀員升補等因又奏定奉天變通吏治章程內開知府同通州縣等官自應比照奉天治中同知等官之例量加推廣均定為三年俸滿如果著有成效令該兼管府尹等詳加察看出具切實考語具題到部入於即升班內升用仍在任候升如俸滿保薦後有級捐升階候選及指省候補者均照籌餉例內即升人員報捐之例辦理又昌圖府知府原係昌圖廳撫民同知嗣經奏請升為昌圖府知府定為煩疲難題調邊要之缺由外揀員陞補照原設同知之例三年俸滿著有成效由督撫出具考語送部引

見候

旨簡用等因各在案今據該將軍奏稱吉林府知府管轄一州

並自理地面各事政務既煩責任尤重應請定為煩疲難

題調要缺伯都訥撫民同知加理事銜該廳所管地面俱

係邊地要區蒙民兼理應定為煩疲難題調近邊要缺長

春廳撫民通判加理事銜該廳地當冲要蒙民雜處政務

般煩應請定為冲煩難題調近邊要缺其添設之雙城廳

撫民通判請加理事同知銜該廳兼管拉林地寬民疲復

有自理地方之責應請定為疲難中缺新設之伊通州知

州請加理事同知銜該州地係通衢事務煩重請定為冲

煩難題調近邊要缺雙城廳遇有缺出照例歸部揀補如本省有應補人員亦准由外扣留以候補委用人員奏補其吉林府伯都訥廳長春廳伊通州均遇有缺出俱准升調兼行應由將軍酌量具題如無合例堪以升調之員准於候補並揀發委用人員內不論滿漢揀員題補均照例定為三年俸滿著有成效即由該將軍出具考語知府則送部引

見候

旨簡用同知通判知州則保薦以應升之缺升用至新設農安照磨一缺拉林磨盤山巡檢二缺及伯都訥舊設巡檢一

缺吉林府經歷一缺孤榆樹屯長春廳雙城廳伊通州巡檢吏目四缺雖無地方之責而監獄尤關緊要除雙城廳及拉林巡檢二缺作為中缺外其餘均作為要缺請於通省候補揀發人員内酌量補用三年俸滿例准保題升用如不稱職分别撤參以示勸懲等因吏部查該將軍係為慎重邊缺起見自應准如所請將新設之吉林府知府作為煩疲難題調要缺遇有缺出由現任人員擇其人地相宜者揀選升補如無合例堪以升補之員准於候補並揀發曾任寔缺委用人員内不論滿漢揀員題補三年俸滿如果著有成效准照奉天昌圖府知府俸滿章程辦理令

該將軍詳加察看出具切寔考語送部引
見候
旨升用仍在任候升倘升補之員未能勝任立即撤回毋庸拘
定年限其伯都訥廳撫民同知作為煩疲難題調近邊要
缺長春廳撫民通判伊通州知州二缺均准作為沖煩難
題調近邊要缺遇有缺出俱准升調兼行聽該將軍酌量
具題如寔無堪以升調之員亦准於候補並揀發委用人
員內揀選題補雙城廳撫民通判一缺准作為疲難中缺
遇有缺出歸部銓選如該省府有應補之員亦准扣留由
外按照例章揀選題補均俟三年俸滿准照奉天變通吏

治章程辦理如果著有成效令該將軍等詳加察看出具
切實考語具題到部入於即升班内升用仍在任候升並
均加理事同知銜以便旗民兼管至新設之長春廳分防
農安照磨一缺及吉林府經歷一缺磨盤山巡檢一缺伊
通州吏目一缺均准作為要缺其伯都訥孤榆樹屯長春
廳巡檢三缺原係部選之缺應准其改作為要缺遇有缺
出於通省人員内揀選調補或由候補並揀發人員内酌
量咨補惟雙城廳拉林分防巡檢二缺該將軍請作為中
缺查各省佐雜並無中簡之缺自應改作為部選之缺遇
有缺出應請歸部銓選若該省有合例應補之員亦准扣

留由外照例按班序補其添設府經歷及佐雜各要缺均俟三年俸滿如無違礙處分令該將軍出具切實考語咨部開缺以應升之缺升用未升以前仍以原官補用其無原官可補者毋庸開缺令其在任候升至調補之員如不勝任立即調回另行遴員調補

一廉俸役食應詳定也查新設升改府廳州正印教佐等官地處衝要事務殷煩所有各官廉俸以及役食等款自應照章酌給惟廉俸及辦公銀兩按年支領毋庸計閏其工食銀照例按月給發遇閏照加今擬吉林府知府養廉銀二千兩俸銀一百零五兩除祭祀銀兩及因糧柴薪照例

例報銷並書吏不給工食外每年應發工食銀門子二名十二兩遇閏加一兩皂隸十二名七十二兩遇閏加六兩民壯二十名一百二十兩遇閏加十兩馬快八名一百三十四兩四錢遇閏加十一兩二錢轎傘扇夫七名四十二兩遇閏加三兩五錢禁卒四名二十四兩遇閏加二兩仵作二名十二兩遇閏加一兩更夫五名三十兩遇閏加二兩五錢舖兵二名十二兩遇閏加一兩一府共需寔銀二千六百零一兩六錢無閏扣銀三十八兩二錢又新設雙城廳撫民通判酌定養廉銀八百兩俸銀六十兩辦公銀二百兩除祭祀銀兩及囚糧柴薪照例報銷並書吏不給工

食外每年應領工食銀門子二名十二兩遇閏加一兩皂隸十二名七十二兩遇閏加六兩民壯二十名一百二十兩遇閏加十兩馬快八名一百三十四兩四錢遇閏加十一兩二錢轎傘扇夫七名四十二兩遇閏加三兩五錢禁卒四名二十四兩遇閏加二兩仵作二名十二兩遇閏加一兩更夫五名三十兩遇閏加二兩五錢一廳共需寔銀一千五百四十三兩六錢無閏除銀三十七兩二錢又新設伊通州知州酌定養廉銀八百兩俸銀八十兩辦公銀二百兩除祭祀銀兩及因粮柴薪照例報銷並書吏不給工食外每年應給工食銀門子二名十二兩遇閏加一兩

皂隸十二名七十二兩遇閏加六兩民壯二十名一百二十兩遇閏加十兩馬快八名一百三十四兩四錢遇閏加十一兩二錢轎傘扇夫七名四十二兩遇閏加三兩五錢禁卒四名二十四兩遇閏加二兩仵作二名十二兩遇閏加一兩更夫五名三十兩遇閏加二兩五錢一州共需實銀一千五百六十三兩六錢無閏除銀三十七兩二錢又吉林府經歷兼司獄一員應歲支養廉銀一百二十兩俸銀四十兩門子一名六兩遇閏加五錢皂隸四名二十四兩遇閏加二兩馬夫一名六兩遇閏加五錢民壯十六名九十六兩遇閏加八兩馬快二名三十三兩六錢遇閏加

二兩四錢共需銀三百三十九兩四錢無閏除銀十三兩八錢又農安設分防照磨一員應歲支養廉銀七十一兩五錢二分俸銀三十一兩五錢二分門子一名六兩遇閏加五錢皂隸四名二十四兩遇閏加二兩馬夫一名六兩遇閏加五錢弓兵十六名九十六兩遇閏加八兩共需銀二百四十六兩零四分無閏除銀十一兩又准吳城廳設管獄巡檢伊通州設管獄吏目各一員拉林磨盤山各設分防巡檢一員每員應歲支養廉銀七十一兩五錢二分俸銀三十一兩五錢二分各應門子一名六兩遇閏加五錢皂隸四名二十四兩遇閏加二兩民壯四名二十四兩遇

閏加二兩馬夫一名六兩遇閏加五錢每巡檢一員各需銀一百六十八兩零四分無閏各除銀五錢又吉林府改設府教授一員歲支俸銀四十五兩雙城廳伊通州各設訓導一員每員各應歲支俸銀四十兩每學門斗二名十二兩遇閏加一兩齋夫六名三十六兩遇閏加三兩馬夫一名六兩遇閏加五錢膳夫一名六兩六錢六分七厘遇閏加五錢五分教授一員歲需銀一百一十兩七錢一分七厘訓導各需銀一百零五兩七錢一分七厘無閏除銀五兩零五分以上府廳州正印教佐等官無閏之年共應支廉俸辦公役食寔銀七千一百十六兩零零一厘遇閏

支寔銀七千二百八十八兩五錢五分一釐均在斗稅項下支銷即由各府廳州照數按季支用寔銀以資辦公現在吉林廳同知升爲知府巡檢升爲府經歷教諭升爲府教授各一員及伊通州分防巡檢改爲管獄吏目一員廉俸役食銀兩既由斗稅項下支銷其向在俸餉内應領各項概行停止其伯都訥長春兩廳撫民同知二員及管獄分防巡檢三員訓導二員應領廉俸等項均仍其舊由俸餉内支銷户部查原單内稱改設吉林府養廉銀二千兩俸銀一百零五兩又新設雙城廳撫民通判養廉銀八百兩俸銀六十兩辦公銀二百兩伊通州知州養廉銀八百

兩俸銀八十兩辦公銀二百兩吉林府經歷兼司獄養廉
銀一百二十兩俸銀四十兩又農安分防照磨養廉銀七
十一兩五錢二分俸銀三十一兩五錢二分又雙城廳管
獄巡檢伊通判管獄吏目拉林磨盤山分防巡檢每員養廉
銀七十一兩五錢二分俸銀三十一兩五錢二分又吉林
府教授俸銀四十五兩雙城廳伊通州訓導俸銀各四十
兩並應支門皂馬快夫役人等工食等銀每年需銀七千
一百十六兩零遇閏加支銀一百七十兩零由斗稅項下
開支其向在俸餉内應領各項概行停止其伯都訥長春
兩廳撫民同知二員及管獄分防巡檢三員訓導二員應

領廉俸等項均仍其舊由俸餉內支銷查吉林通省官俸現放章程官俸每銀一兩五成現銀以八折開放仍扣六分減平五成銀票每兩折京平銀二錢五分又養廉現放章程將軍副都統同知等官養廉銀兩每兩停支一成其餘九成一半現銀以八折開放仍扣六分減平一半銀票折算銀二錢五分等因在案今吉林改設知府及添設雙城廳通判伊通州知州等官應需俸廉役食辦公等銀應令該將軍遵照該省放款章程給發仍扣六分減平至稱此項銀兩由斗稅項下開支其向在俸餉內應領各項概行停領伯都訥長春二廳同知等官應領廉俸等項照舊

仍在俸餉内支銷查該省原設及新設各官應支廉俸自應均在俸餉内支銷若原在俸餉内支銷者概行停止又將伯都訥長春二廳同知等官廉俸等項在俸餉内支銷似此辦理兩歧必致題銷俸餉時礙難稽核且同係廉俸新設各官由斗稅項下支銷自應將斗稅列入俸餉收款一律開放毋庸分案辦理以免分歧而歸畫一

修築城垣應詳定也查伊通地方本係村鎮向無城垣以資保衛今既作為州治擬於該處修築土城分開城門用甎堅砌上蓋城門樓各一座城根用石塊填砌城牆現用土堅築頂灰土垛口用甎砌城周圍約以三里為度從減

核估城垣一座約需工料寔銀一萬四千餘兩城外挑挖
城河一道約需工價寔銀三千餘兩統計伊通州修築城
垣及挑挖城河共需工料寔銀一萬七千數百餘兩即由
荒價項下支銷現因款項不敷是以先築土城俟荒價一
項收有盈餘再行覆估將城垣用石塊包砌以期堅固至
雙城堡地方舊有土城今改為廳治自無須另行修築户
部查吉林省建修各項工程應需工料銀兩向章每兩減
扣四成發給六成銀兩仍扣六分減平歷經照辦在案今
該將軍奏請修築伊通城垣及挑挖河道等項工程所需
工料銀兩擬稱由荒價項下支銷應令該將軍查照該省

放款章程核寔刪減給發仍即造冊加結送部覈核以重
課款工部查該將軍奏請伊通地方修築城垣等工既經
作為州治自應准其建蓋行令該將軍遵照即將前項城
垣各工專案報部照例題估題銷
建置衙署宜詳定也查新設廳州佐雜等官自應建立衙
署俾資辦公雙城廳伊通州應衙署二座每座估需寔銀
五千五百餘兩伊通管獄吏目舊有分防巡檢衙署現已
傾圮亦須另建並新設之農安分防照磨拉林磨盤山分
防巡檢雙城廳管獄巡檢共五處應建衙署每座估需寔
銀一千三百兩雙城廳伊通州監獄二座每座估需銀一

千五百兩統計建造衙署並監獄共估需工料寔銀二萬
零數百餘兩至
文廟學宮訓導公所應俟區擇其地基另行勘估再行興辦
户部查吉林省建修各項工程應需工料銀兩向章每兩
兩減扣四成給發六成銀兩仍扣六分減平歷經照辦在
案今該將軍奏請建立新設廳州佐雜等官衙署等工所
需工料銀兩應令該將軍查照該省放款章程核寔删減
給發仍將動支寔數專案報部查核工部查吉省新設廳
縣佐雜等官既據吏部議准添設所有衙署監獄等工自
應准其建蓋行令該將軍遵照即將前項各工轉飭專案

報部照例題估題銷至

文廟學宮訓導公所仍令該將軍俟踹擇地基時再行勘估

專案奏明報部以憑核辦

一文武學額應詳定也查雙城堡伊通州兩處生童向來均附吉林廳考試今既雙城堡添設撫民通判伊通添設知州自應各設學校培養根本該處民間結廬耕種已歷多年既寬以生聚休養之恩宜被以弦誦詩書之澤庶可士氣振興梗頑悉化擬請雙城廳一學酌定文學額二名武學額二名由該廳考試逕送院學取進伊通州一學酌定文學額二名武學額一名由該州錄送吉林府考試後再

送院考惟一時均未能修建考棚該廳州文武童生均赴省城院考以歸簡易至吉林廳原額並加廣文武學額八名伯都訥廳四名長春廳六名武學額三廳共八名現在吉林廳升為府治本應仿照奉天昌圖府之制一律增額緣伊通新設文武學額亦歸該府錄取暫可毋庸議增所有吉林府伯都訥長春廳文學額應仍其舊武學額共八名應請專撥吉林府四名伯都訥長春兩廳各二名以上各處如將來文風日盛再設增廣學額以期鼓勵人才咸歸敦樸禮部查各直省未經設學之邊遠地方因生齒日繁開墾愈廣該將軍督撫請建官設學者均經臣部議覆

准其添設學額有案今吉林賓城僅添設撫民通判一員名曰賓城廳伊通設立知州一員名曰伊通州既據該將軍奏稱該處民間結廬耕種已歷多年既寬以生聚休養之恩宜被以弦誦詩書之澤請定賓城廳文學額二名伊通州文學額二名之處係爲化民成俗起見應如所請准其設立賓城廳文學額二名由該廳逕送院考取進伊通州文學二名由該州録送吉林府考試後再送院考一時未能修建考棚該廳州應試童生均暫赴省城院考至所稱吉林廳現升府治本應仿照奉天昌圖府之制一律增額緣伊通新設學額亦歸該府録取暫可毋庸議增所有

吉林府學額應仍其舊將來文風日盛再設增廣學額等
因亦應如所請辦理兵部查吉林新設雙城廳伊通州文
文學額既經禮部議准添設其武學額自應一律增添該
將軍請立雙城廳武學額二名伊通州武學額一名應准
其設立雙城廳武學額二名由該廳送院考取進伊通
州武學額一名由該州錄取送吉林府考試後再送院考
一時未能修建考棚該廳州應試童生均暫赴省城院考
至所稱吉林廳原定並加廣武學額八名請撥吉林府四
名伯都訥長春兩廳各二名等語查吉林伯都訥長春三
廳武學原額四名咸豐五年九年兩次捐輸加永遠容(定)額

四名同治十三年經吉林將軍宗室奕榕等奏請分立專學撥給吉林廳三名伯都訥二名長春廳三名經臣部核議奏准在案今吉林廳升為府治擬該將軍奏請專撥吉林府四名伯都訥長春兩廳各二名亦應如所請辦理

一增設弁勇應詳定也查新設雙城廳伊通州兩處地廣民頑盜風未息若專恃皂役人等緝捕跴訪未周難期得力必須於各該處設立弁勇非特可以認真搜捕並可以鎮押地方第奉天前設捕盜營馬兵分撥調遣為數太多吉省經費不敷碍難照辦除吉林府駐守省垣伯都訥長春二廳設立多年均毋庸添募弁勇外擬在雙城廳伊通州

每處揀派外委一員募練步勇五十名均由該通判知州自行管帶應發勇粮即仿照前設賓州廳等處章程外委委員每月發給寔銀十二兩步勇每名每月發給餉乾四兩計外委二員每月應發餉乾寔銀二十四兩步勇一百名每月應發勇粮寔銀四百兩每年共應發餉乾寔銀五千零八十八兩遇閏加四百二十四兩所有刀矛槍械等項即由各該處買辦均在斗税項下動支應用火葯仍照吉省軍營向章由工司請領發給核寔報銷戶部查奉省各廳縣添設捕盗營弁兵應需餉乾銀兩外委每員月餉銀二兩馬乾銀三兩津貼銀三兩馬兵每名月餉銀一兩

五錢馬乾銀二兩查道緝捕酌加津貼銀一兩九錢步兵每名月餉銀一兩五錢津貼銀一兩五錢每兩以八折寔銀給發外委月支寔銀六兩四錢馬兵月支寔銀四兩二錢二分步兵月支寔銀二兩四錢等因業經造册送部核銷在案今該將軍請於雙城廳伊通州每處揀派外委一員募練步勇五十名由該通判知州自行管帶應發勇粮仿照前設賓州廳章程外委每月給銀十二兩步勇每月給銀四兩每年需銀五千八十八兩遇閏加四百二十四兩請在斗税項下動支查該省新設通判知州二缺每處添設外委一員步勇五十名應需餉乾銀兩自應查照奏

省捕盜營弁兵餉乾折放數目動支以歸畫一今該將軍
將該省先後添設捕盜弁兵應需餉乾查照前次部議照
章折放仍照向章按年分晰造册送部專案奏銷並將揀
派弁兵年歲籍貫花名及挑齊起支餉乾銀數日期先行
造册送部備核勿稍遲延兵部查前經會議吉林將軍銘
安等奏吉林添設廳縣等官案内請於新設賓州廳五常
廳敦化縣每處設捕盜外委一員募練步勇五十名專司
緝捕當經臣部核議奏准在案今原奏内稱新設雙城廳
伊通州兩處地廣民頑盜風未息擬設弁兵以資彈押請
於雙城廳伊通州每處揀派外委一員係為嚴緝盜賊起

見核與該省賓州廳等處添設捕盜外委成案相符應請
准其添設分隸該廳州管轄專司緝捕偹有疎防及營務
廢弛應令奏參交部議處查前次賓州五常二廳敦化縣
添設捕盜外委三缺現在曾否考拔有人未據該將軍咨
部註册暨此次新設捕盜外委二缺均令該將軍於新募
兵丁內迅即揀選拔補出具考語並將該弁履歷咨部註
册以符定制其募練步勇五十名亦應如所請准其在於
雙城廳伊通州每處募練步勇五十名亦應令該將軍即
將募練步勇分晰造具花名清册送部備查至買辦刀矛
槍械及請領火藥等項均應如所奏辦理仍令該將軍即

將買辦各項器械名目件數及請領火藥數目分晰造具
細册專案送部以備查核工部查該處買辦刀矛槍械及
請領火藥等項既經兵部准如所請辦理應令該將軍即
將買辦各項器械名目件數暨請領火藥數目並用過工
料銀兩造具分晰細册送部核銷
又據吉林將軍銘安片奏吉林理事同知一缺現擬奏請
升作吉林府知府定為煩疲難題調要缺由外揀員升補
如蒙
俞允自應於吉林現任同知內揀員升補惟查本任吉林廳理
事同知善慶伯都訥廳理事同知貴璋均係照例由各部

院筆帖式揀選來吉六年俸滿應行保升員外郎之員以

上升補吉林府知府與例不合此外更無合例應補之員

應請

飭部在於滿漢曾任冥缺正途出身知府内揀發二員來吉當

由奴才酌量奏補以資治理而裨地方等因光緒七年十二

月初九日軍機大臣奉

旨覽欽此吏部查該將軍奏請將吉林廳理事同知一缺升改

為吉林府知府業經臣部會同各部於正折内聲明核准

請

旨所有該將軍奏請在於滿漢曾任冥缺正途出身知府内揀

發二員來吉酌量奏補之處自應准如所請由臣部另行
辦理又附片內稱伯都訥理事同知一員從前在該城駐
守光緒二年二月間前署將軍穆圖善于會議京旗條陳
吉林添設官員事宜摺內請將伯都訥理事同知移駐孤
榆樹屯暫借該處書院作為衙署等因奏奉
諭旨允准在案惟該同知自移設後因書院係士子肄業公所
碍難作為衙署向係租住民房辦理公事牆卑室淺湫隘
不堪且書吏人等散漫而居誠恐承辦要件倘有洩漏弊
竇叢生至於監獄仍在伯都訥城內該處距孤榆屯三百
餘里該同知審辦重案往返派差解送難免疎虞尤不足

以昭慎重現在新設各廳州縣均請建蓋衙署監獄奏有
定章伯都訥同知既移駐孤榆樹屯亦應另建衙署一座
擬撥照本省建署章程發給工料寔銀五千五百餘兩監
獄一座發給寔銀一千五百兩均由荒價項下一律作正
支銷並請將孤榆樹屯原設分防巡檢一員改爲兼司獄
事管理監獄伯都訥城內原設管獄巡檢一員作爲分防
一轉移間均極簡便該巡檢等衙署均仍其舊如此辦理
不惟体制相符且於辦公均有裨益等因奉
旨覽欽此戶部查吉林省建修各項工程應需工料銀兩向章
每兩減扣四成發給六成銀兩仍扣六分減平歷經照辦

在案今該將軍請建蓋伯都訥同知衙署監獄等工所需
工料銀兩應令該將軍查照放款章程核寔刪減給發仍
將動支寔數隨時專案報部查核勿稍遺漏刑部查吉林
伯都訥同知既經奏准移駐孤榆屯所有孤榆樹原設分
防巡檢一員改為兼司獄事管理監獄伯都訥城內原設
管獄巡檢一員作為分防係為審辦案公件免致派差解
送疎虞起見應如所請辦理工部查吉省所屬伯都訥同
知移駐孤榆樹屯既據吏部議准其另建衙署監獄等工
自應准其建蓋應行該將軍遵照即將前項修建各工專案
報部照例題估題銷

又附片內稱吉林為我
朝根本重地協佐以下各官皆係滿蒙世僕或為勛勞後裔
襲職當差或曾効勞軍營回旗揀補溯自咸豐二年征調
頻仍官弁兵丁効命疆場者十居八九生還故里者十僅
二三其戶口之彫零室家之窮苦有不忍形諸奏牘者以
昕夕奔馳之苦復有衣食無顧之憂不惟政体有虧且廉
隅難飭即如協領應領俸銀一百三十兩扣成折放每年
僅得寔銀六十五兩佐防以次遞減一切公私費用均在
其中寔係入不敷出難免賠累奴才曾任
盛京刑部侍郎時詢知奉天旗員兵丁均有隨缺地畝分防

協領倘有優缺足資養贍即在省當差輪派內倉亦可均沾餘潤而吉省地處邊陲異常瘠苦既無優異之缺又乏調濟之差是以從前派令旗員等查丈荒地征收錢粮及一切雜差無不擾累地方借端需索追呼掊克習為故常以致民怨沸騰累累控告光緒二年奴才奉

命來吉查辦事件半由於此然原情而論出於貪婪者猶少迫於窮困者寔多自奴才抵任後凡有差委籌撥閒款酌給川資不准借差科派若蹈前轍立予嚴參近來旂員等尚知奉公守法較前已覺改觀但每月僅得俸銀數兩該員等生長斯地各有室家一身之用度尚屬不敷數口之飢寒

更難兼顧困窮所迫難保不見利忘義故態復萌現在吉省添設民官劃疆分治廉俸辦公均已奏准開支而旂員等除俸銀外毫無别項津貼與民官進項大相懸殊以致辦公竭蹶未免向隅第當庫款支絀時萬難籌給公費惟嘉慶咸豐年間經前將軍富俊固慶等先後奏准雙城堡自總管以下官兵撥給隨缺地畝道光年間經前將軍倭什訥奏准伯都訥自副都統以下官兵撥給隨缺地畝其三姓地方奴才會同督辦甯古塔等處事宜太僕寺卿吳大徵於光緒六年十月間奏准自該副都以下官兵撥給隨缺地畝業經仰蒙

聖鑒在案其餘在省各城旗員均未奏請撥給同一當差苦累而隨缺地畝或有或無殊覺苦樂不均現在伊通等處奏明派員開放生荒上中之田人皆呈領下餘近山磽薄之地恐難保租一時難以招佃若將此項地畝撥作隨缺官田雖收成歉薄亦可畧資辦公除各城副都統事前經奴

奏准蒙

恩賞給津貼足敷應用及伯都訥滿城堡三姓等處旗員已有隨缺地畝均無庸議駁外所有吉林十旗烏拉伊通額穆赫索羅甯古塔琿春阿勒楚喀拉林五常堡等處旗員擬請援照滿城堡成案撥給協領隨缺地每員八十晌佐領

每員五十晌防禦每員四十晌驍騎校每員三十晌筆帖式每員五十晌領催前鋒每名二十晌合無仰懇
天恩俯念吉省旗員辦公費絀准其一律撥給隨缺地畝以示体恤而資養贍之處出自
聖主逾格 鴻恩如蒙
俞允請俟各處放荒事竣查明未懇地畝共餘若干應如何分撥再當妥議章程奏明辦理至額設甲兵應領錢糧照章折放本屬無多而外出項差徭向係攤派苦累情形尤屬可憫若一律請給荒地兵數太多恐不敷撥給容俟荒地放竣再由奴才設法矜恤以紓兵困軍機大臣奉

旨覽欽此戶部查原片內稱協佐防校等官所領俸銀和成折
放每年所得銀兩實係入不敷出除俸銀外別無津貼辦
公竭蹶查雙城堡伯都訥三姓等處官兵均經奏請撥有
隨缺地畝其餘各城旂員同一當差苦累而隨缺地畝或
有或無殊覺苦樂不均現在伊通等處奏明開放生荒若
將此項地畝撥作隨缺官田可資辦公除各城副都統前
經奏賞津貼及伯都訥雙城堡三姓等處旂員已有隨缺
地畝外所有吉林十旂烏拉伊通額穆赫索羅甯古塔琿
春阿勒楚喀拉林五常堡等處旗員請援照雙城堡成案
撥給隨缺地畝協領每員八十晌佐領每員五十晌防禦

每員四十晌驍騎校每員三十晌筆帖式每員五十晌領
催前鋒每名二十晌等語查本年二月間據該將軍覆奏
請於三姓封堆內墾荒撥為官兵隨缺地畝援照雙城堡
成案撥給副都統一百八十晌協領八十晌佐領五十晌
防禦四十晌驍騎校三十晌筆帖式五十晌領催前鋒各
二十晌甲兵十六晌另撥副都統衙署公用地二千晌經
臣部比較請撥甲兵晌數尚屬符合其驍騎校領催前鋒
所增無幾協領筆帖式則增至一倍佐領防禦亦增三分
之日且添設副都統一百八十晌又另撥衙署公用二千
晌殊覺過多議令該將軍再行分別核減酌中擬定專摺

具奏並將變域堡全案一併抄錄送部，以憑核辦。欽奉

知遵辦在案。今該將軍請撥各域協佐防校等官隨缺地

畝、晌數亦係按照三姓請撥地數定擬。臣部核與成案請

撥地數不符，礙難議准。應令該將軍將前項請撥地畝，核

實刪減，並將各域旂員名數，應撥隨缺地數及開放伊通

等處生荒上中之田各有若干，磽薄之田共有若干，除撥

隨缺官田外餘賸若干，其出放上中之荒應征押租並屆

限升科大小租錢各數目，一併分晰造册送部，再行核辦。

兵部查吉林烏拉等處旂員撥給隨缺地畝，請俟放荒事

竣，應如何分撥，再當妥議章程辦理等語。應俟該將軍奏

報到日再行核辦入附片内稱吉省各處應征租賦向係飭派協領等官征收責成屯長催齊赴城交納第因地方窵遠稽查難周而各屯長得以偷墾私充雖侵佔欺朦相率效尤難期核寔奴才前曾於變通官制摺内聲明將來民官設齊所有民地錢粮旂人詞訟專歸該廳州縣管至協佐防校等官止准管理旂務緝捕盜賊不准仍干地方公事以示限制等因奏蒙

俞允在案今據設立民官劃疆公治詞訟一切均歸該管民官經理其應征錢粮無論舊放新開荒地自當統歸各廳州縣衙門認真征收諭飭鄉地妥為催納嚴禁屯長刁民把

持舞榮寔於

國賦大有裨益等因軍機大臣奉

旨覽欽此户部查原片内稱設立民官劃疆分治詞訟一切均

歸該管民官經理其應征錢粮無論舊放新開荒地統歸

各廳州縣衙門認真征收諭飭鄉地妥爲催納嚴禁屯長

刁民把持舞弊等語該將軍係爲各專責成起見應請准

如所奏將該省各屬地方一切租税等款均歸新設民官

經征其協佐防校等官祇准管理旂務緝捕盗賊不准干

預地方公事以示限制而專責成兵部查原奏内稱民官

設齊民地錢粮旂詞訟歸該廳州縣管理協佐防校等官

祇准管理旂務緝捕盜賊不准仍干地方公事等語既經

該將軍奏蒙

俞允嗣後協佐防校等官倘有干預地方公事應令奏參交部

議處其疎防等案應仍令照例參辦

光緒八年六月初七日奉到

吏部為知照事文選司案呈内閣抄出吉林將軍銘　等

奏請添設吉伯阿道一缺遵

旨會奏一摺於光緒八年五月二十日具奏原摺留中本日奉

上諭吏部等衙門奏遵議吉林添設道員等官一摺此次吉林

添設道缺著作為吉林分巡道請旨簡放餘依議該部知

道欽此並附片奉

旨依議欽此相應粘連原奏知照可也須至咨者

計粘連原奏一紙

吏部等部謹

奏爲遵
旨會議具奏事内閣抄出吉林將軍銘　奏稱吉林舊設三廳
管理旂民事件地方向係徑報奴才衙門核辦嗣於同治三
年經前署將軍阜保奏請吉林仿照熱河設立刑司之例
由刑部揀發正途出身漢郎中或員外郎一員派刑司主
稿科甲出身主事一員派刑司幫稿滿郎中一員派刑司
掌印專理刑名奏奉
諭旨允准歷經遵辦在案所有通省審辦案件均交刑司部員
覈核咨部迨奴才抵任後正值馬賊肆擾命盜案件積壓累
累奏請調員差遣設立清訟盜案各局派員審理至徒罪

以上仍歸刑司部員照例核辦現在各處添設民官劃疆
分治地方應辦事件數倍於前若仍照向章徑禀將軍衙門
核辦中無承上啟下之員爲之關捩不惟足輕首重體制
未符抑且事務紛歧毫無歸宿查前署
盛京將軍崇實奏准在省垣添設駐巡道一員統轄各屬地
方事務立法試爲盡善吉林事同一律擬請在吉省添設
首道一缺名曰分巡吉伯阿等處地方道所有吉林一府
伯都訥長春賓州五常雙城五廳伊通一州統歸管轄政
務殷煩責任尤重應作爲最要之缺由正途出身人員不
論滿漢請

胥蕭敉既有提綱挈領之人自無叢脞廢弛之弊下可藉資表
上亦有所責成所屬一切政務均可由其承轉即省垣詞
訟盜案各局事務亦可歸其總司嗣後無論旗民案件府
廳審定後均解省垣由該道覆核審轉以昭慎重如此辦
理則刑司部員無所事事即請裁撤飭令回京當差該部
員等每年應由土稅項下各領薪水銀六百兩自應停支
歸庫抵餉至首道養廉一節現在事屬創始既無別項入
款可以津貼且各屬陋規前經奏明裁革不可復蹈故
轍以私廢公惟道署幕友修金書吏工食所費不貲非寔
銀三千兩不足以敷辦公擬請援照奉天駐巡東邊兩道

章程酌定養廉銀三千兩俸銀一百三十兩書吏十六名照例不給工食其餘每年應給工食銀馬快十二名二百一兩六錢遇閏加十六兩八錢門子四名二十四兩遇閏加二兩轎傘扇夫七名五十兩四錢遇閏加四兩二錢皂隸十二名八十六兩四錢遇閏加七兩二錢聽事吏二名十四兩四錢遇閏加一兩二錢每年共計需寔銀三千五百五十三兩八錢無閏之年除銀三十二兩六錢均請由斗稅項下作正支銷其應建衙署亦仿照奉天東邊道之制在省城置買房地修蓋衙署估需寔銀並修蓋工料等項計需寔銀八千餘兩即請由荒價項下作正支銷均毋

庸動撥正款此次擬設首道一缺建置事宜係屬創始非老成幹練曾任寔缺之員不能振作有為措施悉當合無仰懇
天恩俯念員缺緊要於各直省寔缺道員内
簡放來吉庶期通達政體因時制宜寔於吏治民生大有裨益
並請
飭部鑄造關防一顆迅即頒發以昭信守等因光緒七年十二月初九日軍機大臣奉
旨該部議奏片併發欽此欽遵抄出到部查吉林地方前據該將軍奏稱近年以來民愈窮而愈悍賊愈勦而愈滋若不

亟設民官副疆分治刑政以化其梗頑教養以遂其生成

專恃武功撫馭失宜不惟重煩兵力且恐若火燎原益難

撲滅𫂆興所屬文武紳耆悉心計論皆以為地曠人多非

有地方親民之官不足以資治理擬請以尤為衝要之區

酌中設立廳縣教佐等官並將吉林廳升為府治長春廳

通判改為同知俾資治理協佐防校等官不准干預地方

詞訟以示限制而一事權惟添設廳縣則創葺城垣倉庫

監獄等項所費不貲當此庫款支絀之時斷不能另請撥

款衹有就地興利以本地所籌供本地所需現已派員前

往查勘荒地照章改收押荒並試辦斗税擬以斗税荒價

二款作爲添官一切之用度將來廉俸各項用款亦由斗稅荒租項下動支所有擬添之官須俟款項籌有端倪方能陸續添設等因當經吏部查核將軍所奏添改各缺及請加理事銜滿漢兼用之處係因地制宜整頓吏治起見惟添設改設各缺總期官民相安方臻妥善應請旨飭下該署將軍体查情形通籌全局詳細分別奏明辦理等因於光緒四年十二月十八日具奏奉旨依議欽此欽遵在案旋據該將軍奏稱阿勒楚喀五常堡阿克敦城三處放荒已著成效生聚日煩商賈輻輳亟應添設民官委員試辦請在蒿子湳等處設立賓州廳撫民同

知等欽經臣部會同各部議准於光緒七年六月二十日

具奏奉

旨依議欽此欽遵亦在案今復據該將軍奏稱吉林舊設三廳

管理旗民地方事件向係𠂢衙門核辦嗣經仿照熱河設

立刑司之例由刑部揀選正途出身漢郎中或員外郎一

員派刑司主稿科甲出身主事一員派刑司幫稿滿郎中

一員派刑司掌印專理刑名奏准在案通省審辦案件均

交刑司部員核辦咨部迨𠂢抵任後正值馬賊肆擾命盜

案件積壓累累奏請調員差委設立清訟盜案各局派員

審理現在各處民官應辦事件數倍於前若仍照向章徑

稟督衙門核辦中無承上啟下之員為之關捩不惟足輕首重体制未符抑且事務紛歧毫無歸宿擬請在吉省添設首道一員名曰分巡吉伯阿等處地方道所有吉林一府伯都訥長春賓州五常雙城五廳伊通一州統歸管轄政務殷煩責任尤重應作為最要之缺由正途出身人員不論滿漢請

旨簡放所屬一切政務均可由其承轉即省垣詞訟盜案各局事務亦可歸其總司如此辦理則刑司部員無所事事即請裁撤飭令回京當差等因查該將軍係為省會重地今昔情形不同因時制宜起見自應准如所請添設分巡吉

伯阿道一缺作爲請
旨之缺遇有缺出由正途出身之
記名道員内無論滿漢照例請
旨簡放所有新設之吉林府伯都訥長春五常賓州雙城五廳
伊通一州統歸管轄一切政務均准由其承轉惟該將軍
摺内聲稱首道一缺政務殷煩責任尤重請作爲最要之
缺並未聲叙作爲何項最要請
旨之缺臣部礙難懸擬應俟該將軍查明具奏到日再行請
旨簡放至該將軍等摺内聲稱此次擬設首道一缺建置事宜
係屬創始非老成幹練曾任寔缺之員不能振作有爲措

施恩當合無仰懇
天恩俯念員缺緊要於各直省寔缺道員內
簡放來吉庶於吏治民生大有裨益等語所有新設分巡吉伯
阿道一缺是否俟該將軍查明懇作爲何項最要請
旨之缺具奏到部後再行請
旨簡放抑或准照該將軍所請於各直省寔缺道員內即行
簡放之處伏候
聖裁再吉林省垣既准設立道員一切政務由其承轉並省垣
詞訟盜案各局事務亦准歸其總司嗣後毋論旂民案件
府廳審定後均解省垣由該道覈核審轉以昭慎重則刑

司部員無所事事即請裁撤飭令回京當差之處刑部查既據該將軍請在吉省添設首道一缺名曰分巡吉伯阿等處地方道省垣詞訟盜案各局歸其總司旗民案件府廳審後均解省垣由該道復核審轉係為因時制宜起見應如所請辦理所有臣部派往吉省司員應即撤令回部當差其該道審轉限期處分應悉照各省臬司之例扣限核議該部員等每年應由土税項下各領薪水銀六百兩自應停支歸庫抵餉至首道養廉一節現在事屬創始既無別項入款可以津貼惟道署幕友修金書吏工食所費不貲連閏非寔銀三千五百五十三兩八錢無閏除銀三

十二兩六錢均請由斗稅項下作正支銷户部查原奏内稱省城添設首道一切事務由該道覆核審轉刑司郎部員無所事事即請裁撤該員等每年由土稅項下各領薪水銀六百兩自應停止歸庫抵餉等語查吉林理刑部員既經議請裁撤所有該員等每年由土稅項下各領薪水銀六百兩應令即行停止給發並將停止支此項薪水銀兩存庫列抵何年俸滿之處先行專案報部查核至首道養廉據稱事屬創始别無入款津貼請援照奉天驛巡東邊兩道章程酌定養廉銀三千兩俸銀一百三十兩書吏十六名例不給工食其每年應給工食銀馬快十二名二

百一兩六錢遇閏加十六兩八錢門子四名二十四兩遇閏加二兩轎傘扇夫七名五十兩四錢遇閏加四兩二錢皁隸十二名八十六兩四錢遇閏加七兩二錢聽事吏二名十四兩四錢遇閏加一兩二錢每年應需銀三千五百五十三兩八錢無閏除銀三十二兩六錢由斗稅項下支銷查光緒二年五月間據原署

盛京將軍崇　等奏改設奉天驛巡道員等官又三年七月間據署將軍崇　等奏東邊外添設道員等官應支俸廉役食等銀兩援照熱河章程酌量增減請支當經分案行令將知府知縣辦公銀兩分別核寔删減並抄錄熱河章

程送部核辦嗣於光緒四年該省於具奏昌圖府廉俸案
內欽奉
上諭東邊官員廉俸差役工食暨設立馬撥修建工程等項均
着照崇厚等原奏數目發給寔免其減扣以示體恤昌圖地
方與東邊事同一律該處各官廉俸役食暨辦公銀兩着以
並發給寔銀免其減扣他處均不得援以為例該部知道欽
此又吉林通省官俸現放章程官俸每銀一兩五成現銀
以八折開放仍扣六分減平五成銀票每兩折市平銀二
錢五分入養廉現放章程將軍副都統同知等官養廉銀
兩每兩停支一成其餘九成一半現銀以八折開放仍扣

六分減平一半銀票每兩折市平銀二錢五分等因各在
案今吉林省城添設首道應需廉俸役食等款撥照東邊
馹巡二道章程請支查吉林添設首道請支廉俸數目雖
與東邊馹巡二道歲支數目相符惟查東邊道等官廉俸
等銀免其減扣欽奉
諭旨允准他處均不得援以為例吉林添設首道等官廉俸等
款自應統照吉林現放官俸養廉銀兩折放章程支給以
歸畫一至吉林首道各官添支役食等款援照東邊章程
請支除各衙署添支人役工食數目與東邊道各衙署人
役工食數目相符者應准支給外其吉林首道添馬快八

名每名歲支工食銀十六兩八錢比較東邊道馬快歲支
工食銀六兩章程加至一倍有餘殊覺浮濫應請令查照
東邊道馬快歲支工食銀數動支俾照核寔仍將添設道
等官到任起支廉俸役食等款銀數並造具募充人役花
名細册报部查核其應建衙署亦仍照奉天東邊道之制
在省城置買房地修蓋衙署估需價銀並修蓋工料等項
計需寔銀八千餘兩即請由荒價項下作正支銷均毋庸
動撥正款工部查吉省新設分巡道員既據吏部議准其
應建衙署等工自應准其建蓋行令該將軍等遵照即將
前項應建各工專案報部照例題估題銷户部查吉林省

建修各項工程應需工料銀兩向章每兩減加四成發給六成銀兩仍扣六分減平歷經照辦在案今吉林省城添設首道衙署擬稱仿照東邊道之制在省城置買房地修蓋衙署估需價銀並修蓋工料等項需銀八千餘兩應令該將軍遵章核實動支至請由荒價項下支銷毋庸動撥正款查該省歷年出放荒熟地畝應交押租地捐大小租錢節經臣部奏准行令將已放未放各地數並各項地租數目分別造册加結送部迄今未據聲覆今擬稱修建道署應需工料銀兩請由荒價項下動支應如所請辦理惟該省每年征收各項租賦確數臣部並無檔案可給應仍

令該將軍遵照前次奏咨各案即將該省各屬歷年出放
荒熟地畝已未放確數應交押租地捐及大小租錢各數
目趕緊分年分款造具地段四至佃户花名細册加結先
行專案送部以憑核辦俾重課款至鑄造關防一顆迅即
頒發以昭信守禮部查定例文職官員印信由吏部議准
撰擬字樣送部鑄造等語今吉林省添設分巡吉伯阿道
一缺既經吏部議准自應鑄給關防一顆以昭信守恭候
命下由吏部撰擬字樣送部鑄造頒發其餘一切未盡事宜應
令該將軍等詳細妥議分別奏明辦理謹將臣等遵
旨會議緣由繕摺具

奏伏乞

聖鑒

訓示遵行再此摺係吏部主稿會同各部辦理合併聲明謹

奏

再據吉林將軍銘　片奏再查奉省變通吏治設立民官

經前任將軍崇實奏請將

盛京將軍一缺仿照各省總督体制加兵部尚書銜另頒總

督奉天旗民地方軍務官防一顆凡係旗民地方各事均

由將軍與府尹專管其一切旗務仍照舊與副都統會辦

剔清限制各專責成立法誠為妥善現在吉省添設民官

事同一律自當援照辦理惟吉林並無府尹將軍一缺本
係鎮守吉林等處地方旗民兼轄非
盛京將軍從前專轄旂民可比自可毋庸加兼文銜另頒關
防以期簡便而免紛更但地方應辦公事既歸府廳州縣
等官管理均由首道覆核轉詳查副都統向無管轄道員
之例新設首道一切承轉公牘自應專歸將軍核辦所有
旂務營務仍與副都統會辦至題奏事件凡屬民官衙門
公事由首道核轉應由將軍單銜題奏其旂署公事由各
司轉呈者應由將軍與副都統會銜題奏如此辦理則責
有攸歸不致掣轄混淆洵於地方旂務均有裨益等因光

緒七年十二月初九日軍機大臣奉
旨覽欽此吏部查該將軍係為各專責成起見亦應准如所請
凡文職正佐升遷調補舉劾計典均准由該將軍單銜題
奏至一切刑名錢穀各事宜請由該將軍單銜題奏辦理
並旂署一切公事及旂務營務請由該將軍與副都統會
銜題奏辦理兵部查該將軍所請係為慎重旂務起見亦
應如所奏凡旂營官員升遷調補及舉劾計典一切營務
仍由將軍與副都統會銜題辦理戶部查原奏內稱一切
刑名錢穀各事宜請由該將軍單銜題奏辦理應請准如
所請將該省經征一切租稅錢糧由該將軍單銜題奏辦

理仍照向章分別抄錄咨揭原奏專案報部備核勿稍遺
漏刑部查各省督撫辦理刑名事件皆係單銜題奏到部
核辦現在地方公事既歸府廳州縣等官管理由首道專
核轉詳所有一切刑名事宜准由該將軍查照定例單銜
題奏辦理謹將臣等核議緣由附片具
奏

吉林正東

阿木窩集嶺 距城一百二十里

額爾賀河 距城一百七十里

庫布爾亨河 距城二百里

色齊窩集木魯 距城二百六十五里

小白小 距城三百五十里

和西河 距城三百九十里

諸克得河 距城四百六十里

札珠河 距城五百三十里

松吉河 距城五百五十里

拉法 距城一百七十里

杜西霞河 距城一百七十五里

推吞河 距城二里

諸路多渾 距城三百三十里

額木赫索囉

都靈武堡 距城四百里

托漢河 距城五百一十里

海蘭河 距城五百五十里

古魯拉門堡 距城五百八十里

佛諾和城 距城六百一十里
瑪爾琥里嶺 距城六百一十里
漢圖城 距城六百三十里
布爾哈圖 距城六百三十里
甯古塔城 距城六百四十里
覺羅堡 距城六百五十里
夸蘭溪 距城六百五十里
約龍吉河 距城六百五十里
窩楞河 距城六百五十里
山巖溪 距城六百五十里
勒富窩集 距城一千五百四十里
宜祿河 距城一千五百四十里
斐雅河 距城一千五百五十里
小薩拉瑪河 距城一千五百五十里
勒富勒勒庫山 距城一千六百里
琥葉果洛 距城一千七百里
嫩圖山 距城一千七百四十里
嫩圖河 距城一千七百九十里
法爾圖河 距城一千七百九十里
富奇河 距城一千八百四十里

烏蘇里源 距城二千二百里

烏蘇里源窩集 距城二千二百里

瑚爾新河 距城二千五百四十里

里富拉河 距城二千五百四十里

額木里河 距城二千六百里

吉林東南

雅門山 距城一百里

大祿里河 距城一百三十里

勘達山 距城一百三十里

阿蘭堡 距城一百三十里

瑪延多渾 距城一百五十里

瓜爾查堡 距城二百里

宜蘭波堡 距城二百里

瓜爾查河 距城二百二十里

佛思亨山 距城二百四十里

輝法口 距城三百里

薩哈 距城四百里

鄂多哩城 距城四百十里

富爾嘉哈河 距城四百四十里

色勒富集 距城四百五十里

刷煙木克阿 距城四百六十里

般巧河 距城四百七十里

多永武山 距城一千一百二十里

哈喜山 距城一千一百五十里

庫里哈河 距城一千二百二十里

富爾丹城 距城一千二百九十里

尼瑪查果洛 距城一千四百里

木克阿力甘 距城一千四百里

刷河源 距城一千四百里

查奇力木敦 距城一千四百二十里

拉拉山 距城一千四百五十里

尼牙臨河 距城一千四百五十里

三奇鄂佛囉 距城一千四百九十里

牙哈莫河 距城一千四百九十里

三奇河 距城一千四百九十里

額爾格河 距城一千五百里

博北木敦 距城一千五百二十里

鞈富源 距城一千五百四十里

嘎思哈河距城六百六十里
碩爾霍洛河距城六百六十五里
戚林嶺距城七百三十里
薩奇庫果洛距城七百五十里
琿托和窩集距城七百六十里
穆呼恩源距城八百四十里
綏芬源距城九百九十里
色珠勒河距城九百九十里
鄂爾琿綏芬距城一千里
琥普圖河距城一千里
蘇札哈窩集距城一千里
綏芬果洛距城一千二百里
綏芬河距城一千一百里
琿達山距城一千一百一十里
琿達河距城一千一百一十里
舒範河距城一千二百二十里
和圖河距城六百七十里
和琿山距城六百七十里
庚吉因河源距城六百八十里
佈爾哈爾圖源距城六百九十里

平頂山 距城七百里
富勒哈和洛 距城七百一十里
達爾琥戓和洛 距城七百二十里
艾丹城 距城七百三十里
艾米達河 距城七百七十里
琥吉堡 距城八百里
喀勒奇哈博勒多 距城八百里
舒爾哈河 距城八百里
富勒哈溪 距城八百里
嘎順河 距城八百一十里
特通額河 距城八百二十里
大海蘭河 距城八百五十里
噶哈里源 距城八百九十里
小海蘭河 距城九百里
海蘭果洛 距城九百里
巴彥河 距城九百一十里
穆克德亨嶺 距城九百二十里
尼雅木尼雅庫河 距城一千里
戠滿 距城九百五十里
雅爾占河 距城一千里

舒敏博勒多距城一千里　黑山距城一千里

庫蘭河距城一千里　托庫塔虢距城一千里

琿春距城一千一百里　勒塔河距城一千一百里

哈達河距城一千一百二十里　西延山距城一千一百三十里

博和里河距城一千一百三十里　密優宏科距城一千一百三十里

帶都城河距城一千一百七十里　興吉拉庫河距城一千一百七十里

福達喜琿河距城一千一百八十里　喀勒達山距城一千一百八十里

呼魯河距城一千一百八十里　女汪堅泉距城一千一百九十里

璽昂河距城一千一百九十里　集新河距城一千一百九十里

顏楚河距城一千一百九十里　喀發山距城一千一百九十里

魁揚郭薩合 距城一千二百里
南海 距城一千二百里
古城 距城一千二百里
黄頂子 距城一千二百里
阿密嶺 距城一千二百二十里
阿布達里河 距城一千二百二十里
裴雅河 距城一千二百五十里
小多碧島 距城一千二百五十里
岱圖薩合 距城一千二百五十里
西斯赫島 距城一千二百六十里
薩爾巴綽薩哈 距城一千二百六十里
哈吉密河 距城一千二百六十里
嘛瑪薩哈 距城一千二百六十里
阿薩爾吉島 距城一千二百七十里
大多碧島 距城一千二百七十里
伊古密河 距城一千二百八十里
球克札河 距城一千二百九十里
妞妞裴顏島 距城一千三百里
科克蕩吉島 距城一千三百里
大河 距城一千三百里

法薩爾吉島距城一千三百里　岳杭噶島距城一千三百一十里

大雅哈河距城一千三百一十里　鄂爾博綽島距城一千三百二十里

穆爾察河距城一千三百二十里　特依楚島距城一千三百二十里

庫題富河距城一千三百三十里　翁郭勒綽島距城一千三百三十里

法哈庫河距城一千三百三十里　和爾多島距城一千三百三十里

窩拉河距城一千三百三十里　阿敏河距城一千四百里

穆轄河距城一千四百里　納爾琿河距城一千四百里

和圖蒙古河距城一千四百里　蒙古河距城一千四百五十里

小圖門烏江源距城一千五百里　圖爾烏拉源距城一千七百里

西喇河距城一千七百里　布達窩集距城一千七百里

佛林河距城一千八百五十里　搜楞吉島距城二千里

西林河距城二千里　杜爾呼河距城二千零五十里

牙蘭河距城二千一百里　勒福島距城二千一百里

庫蘭峯距城二千三百里　瑚葉克河距城二千四百里

塔爾芬河距城二千五百里

吉林正南

巴延博托課距城二十五里　古拉庫南峯距城一百五十里

嘛顏嶺距城一百六十里　扎拉芬山距城二百里

滚河距城三百五十里　托哈那爾琿河距城三百七十里

尼西哈河距城四百里　雅哈河距城五百五十里

蘇灣距城六百里　烏蘇城距城七百里

哈勒琿穆克河距城八百里　訥音果洛距城八百里

佛多和河距城八百里　煙處堡距城一千一百九十里

吉林西南

庫呼恩窩集距城一百二十里　庫勒訥河距城一百七十里

庫勒訥嶺距城一百七十里　刷烟木敦距城二百里

佛多和河距城三百五十里　覺哈河距城四百里

吉林正西

綏哈城距城五十里　薩倫嶺距城一百二十里

伊通距城二百八十五里　雅哈城距城三百一十里

赫爾蘇城距城三百七十里

英額佈展距城四百三十里

佈爾圖庫蘇巴勒幹邊門距城五百里

巴顏哈喇距城五百里

正北堡距城五百一十五里

鄂克集哈泡距城五百五十里

吉林西北

穆蕪河距城一百二十里

伊漢福赫杜庫峯距城一百五十里

社林口距城二百一十里

伊通邊門距城二百八十里

赫爾蘇邊門距城四百里

松花江距城四百一十里

克爾齊勒堡距城四百七十里

滚堡距城四百八十里

舊伯都訥城距城五百二十五里

伯都訥城距城五百二十五里

嫩烏拉距城五百九十里

吉林正北

打牲烏拉城 距城七十里

舒蘭河 距城一百二十里

噶海城 距城一百四十里

巴延鄂佛羅邊門 距城一百七十里

塔勒齊河 距城二百四十里

松花江 距城四百二十里

諜謝太堡 距城四百二十里

吉林東北

那木塘阿河 距城一百二十里

鄂多諾山 距城二百里

哈薩里河 距城二百里

舒蘭河 距城二百一十里

索達庫山 距城三百三十里

拉林 距城三百八十里

伊勒們河 距城四百里

瑪延窩集 距城四百五十里

阿爾楚庫河距城四百五十里　阿爾楚喀城距城四百五十里

綏哈河距城四百六十里　舒爾可布占距城五百七十里

奇克騰河距城七百四十里　大河距城七百五十里

阿木蘭山距城七百五十里　小蘇和辰河距城七百五十里

伊麻呼河距城七百五十里　梅赫河距城七百六十里

小烏赫璘河距城八百里　費雅河距城八百里

福掄河距城八百里　小窩集距城八百三十里

烏赫璘嶺距城八百三十里　巴蘭堡距城八百七十里

小呼特亨堡距城九百里　穆呼肯嶺距城九百里

拉喀力堡距城九百二十里　哈爾哈山距城九百三十里

倭肯河距城九百五十里　僧古勒堡距城九百六十里

呼爾哈果洛距城九百七十里　舒勒赫堡距城九百九十里

小屯丹堡距城九百九十里　大屯丹堡距城一千里

烏斯渾堡距城一千里　大珠爾拉堡距城一千里

和吉各距城一千里　小珠爾拉堡距城一千零三十里

穆舒圖庫堡距城一千零六十里　山巖倭和堡距城一千零六十里

法勒圖琿河距城一千零九十里　霍隆郭山距城一千一百里

敖恰堡距城一千一百里　綽潤費優山距城一千一百里

穆呼肯河距城一千一百三十里　敖恰山距城一千一百三十里

庫呼恩河距城一千一百三十里　他圖庫堡距城一千一百卅五里

葉爾琿河距城一千一百四十里
固哈山距城一千一百四十里
佛霍掄堡距城一千一百六十里
瑪那哈堡距城一千一百七十里
木斯堡距城一千一百八十里
音達木堡距城一千一百九十里
音達木河距城一千二百里
尼瑪奇堡距城一千二百里
伊車蘇蘇堡距城一千二百一十里
德依亨堡距城一千二百三十里
額音莽噶堡距城一千二百卅里
巴霍里河距城一千二百三十里
穆車亨堡距城一千二百五十里
那丹哈達拉山距城一千二百八十里
達爾呼河距城一千二百八十里
察庫蘭嶺距城一千二百九十里
西題爾河距城一千三百里
萬達山距城一千三百里
富題西堡距城一千三百三十里
摩霍洛堡距城一千一百三十里

倭肯河堡源距城一千一百三十里

喀勒喀莫堡距城一千三百三十里

庫布查拉堡距城一千三百四十里

大河距城一千三百八十里

福楞吉山距城一千三百八十里

佛多洛滚堡距城一千四百里

佛布庫距城一千四百里

巴里彦山距城一千四百里

哲克圖庫堡距城一千四百三十里

烏都奇堡距城一千四百三十里

鄂爾霍拉山距城一千四百三十里

諾囉源距城一千四百四十里

喀克塔山距城一千四百八十里

扎斐堡距城一千五百里

佛呼恩窩集距城一千五百里

薩里堡距城一千一百五十里

聶爾博堡距城一千五百一十里

該金堡距城一千五百三十里

該奇山距城一千五百三十里

阿題奇堡距城一千五百四十里

阿克塔拉山 距城一千五百五十里

阿木基山 距城一千七百里

庫录山 距城一千六百里

薩克達 距城一千六百里

威哈珠河 距城一千六百里

阿木基堡 距城一千六百二十里

鄂勒渾堡 距城一千六百三十里

琥葉口 距城一千六百五十里

阿西克塔堡 距城一千六百五十里

吉訥璘堡 距城一千六百五十里

喀木圖河 距城一千六百五十里

波親河 距城一千六百五十里

額圖堡 距城一千六百八十里

伊路山 距城一千六百九十里

希布克里河 距城一千七百里

希伯山 距城一千七百里

古城 距城六百七十里

彌占山 距城一千七百里

彌占窩集 距城一千七百里

興安果洛 距城一千七百里

奇爾勒河 距城一千七百里

城 距城一千七百四十里

奇木尼窩集 距城一千七百五十里

那丹哈達拉山 距城一千七百五十里

松噶蟬河 距城一千八百里

德克登吉堡 距城一千八百里

霍爾洛郭堡 距城一千八百五十里

雅哈島 距城一千九百里

諾洛河 距城一千九百里

伊爾坤堡 距城一千九百里

都滿河 距城一千七百三十里

努喀密河 距城一千七百四十里

搜力河 距城一千七百五十里

穆楞河 距城一千八百里

希魯林山 距城一千八百里

希魯林堡 距城一千八百二十里

格依克里國 距城一千九百里

呼爾穆山 距城一千九百里

海楚堡 距城一千九百里

克勒木堡 距城一千九百里

墨勒特堡 距城一千九百三十里　呼爾穆河 距城一千九百里

希爾古辰堡 距城一千九百五十里　哈達堡 距城一千九百五十里

噶爾瑪河 距城二千里　圖瑚山 距城二千里

霍洛堡 距城二千里　訥洛堡 距城二千里

佛斐堡 距城二千里　呼爾堪堡 距城二千一百里

福勒圖庫河 距城二千一百里　穆克圖力山 距城二千一百里

武扎拉城 距城二千一百里　阿奇堡 距城二千一百里

摩璘烏珠島 距城二千一百里　索題音堡 距城二千一百里

吉林山 距城二千一百里　吉林窩集 距城二千一百里

布尼鄂佛囉 距城二千一百三十里　綽奇力鄂佛囉 距城二千一百三十里

穆克德河堡 距城二千一百五十里　庫布爾亨河 距城二千二百五十里

尼滿堡 距城二千二百里　噶爾瑪山 距城二千二百里

布庫拉堡 距城二千二百里　奇法庫河 距城二千二百里

烏蘇哩口 距城二千二百里　阿加達力堡 距城二千二百里

鄂洛木堡 距城二千二百里　振金堡 距城二千二百里

哲奇璘堡 距城二千二百里　扎克達喀堡 距城二千二百里

庫嚕河 距城二千二百三十里　西占堡 距城二千二百三十里

蘇木嚕河 距城二千二百五十里　哈達鄂佛洛 距城二千二百五十里

穆靳庫堡 距城二千三百五十里　碧新堡 距城二千二百五十里

優特力堡 距城二千三百六十里　萬達山 距城二千三百五十里

霍倫堡 距城二千三百七十里

和克特力堡 距城二千三百七十里

呼勒堡 距城二千四百里

卓爾弼堡 距城二千三百八十里

勒河 距城二千四百里

欽河 距城二千四百里

瓜題音堡 距城二千四百三十里

伊都河堡 距城二千四百里

吉林漢河 距城二千四百五十里

冲諾庫堡 距城二千四百五十里

浩垣堡 距城二千四百五十里

阿工河 距城二千四百五十里

多索宻漢河 距城二千五百里

阿庫力堡 距城二千四百五十里

尼湍河 距城二千五百里

鄂克索宻堡 距城二千五百里

阿庫里尼湍果洛 距城二千五百里

使狗果洛 距城二千五百里

端端河 距城二千五百五十里

阿木努河 距城二千五百五十里

穆舒堡距城二千六百三十里　伊爾庫嚕堡距城二千六百里

噶三堡距城二千七百里　奇克金堡距城二千六百八十里

端端堡距城二千八百里　額金岳色距城二千八百里

格金堡距城二千九百里　哈達烏勒河距城二千八百里

楊山距城二千九百里　噶勒題奇堡距城二千九百里

薩爾布堡距城二千九百五十里　綽拉題堡距城二千九百三十里

額勒山距城三千里　威塔堡距城二千九百五十里

依彌勒河距城三千里　賓色山距城三千里

和兔塔拉噶距城三千三百里　噶水河距城三千二百里

充倫堡距城三千三百五十里　福達力堡距城三千三百二十里

必勒固河 距城三千四百里

端端窩集 距城三千四百里

阿吉堡 距城三千五百里

倭勒齊堡 距城三千五百二十里

優倭克特河 距城三千五百五十里

斐森堡 距城三千六百里

希拉孫河 距城三千六百里

瑚伊黑河 距城三千六百五十里

西勒綽堡 距城三千六百六十里

道灣河 距城三千六百八十里

巴哈力堡 距城三千三百七十里

瑚里堡 距城三千四百里

佛洛瑪堡 距城三千四百六十里

優倭克特堡 距城三千五百里

費葉爾蘇堡 距城三千五百五十里

哈爾吉河 距城三千五百八十里

齊克都哈堡 距城三千六百里

年塔哈河 距城三千六百三十里

扎里堡 距城三千六百五十里

奇集湖 距城三千六百六十里

訥木登特河距城三千七百里　西勒巴希湖距城三千六百九十里

鄂題河距城三千七百里　鄂題山距城三千七百里

奎瑪河塔勒噶距城三千七百里　岳敏河距城三千七百里

瑪哈勒齊河距城三千七百二十里　奇集堡距城三千七百里

赫勒爾河距城三千七百五十里　端塔勒噶距城三千七百五十里

奇因河距城三千七百七十里　森奇勒河距城三千七百五

岳色河距城三千八百里　阿克濟河距城三千八百里

克莫勒河距城三千八百里　古城距城三千八百里

蒙古里堡距城三千八百里　額勒河距城三千八百里

黑勒爾蘇克鄂佛洛距城三千八百五十里　奎瑪堡距城三千八百里

古　堡　距城三千三百八十里

穆呼勒堡　距城三千八百五十里

塔克題音堡　距城三千八百九十里

巴爾喀河　距城三千八百八十里

克齊河　距城三千九百里

敖達里河　距城三千八百九十里

使鹿部落　距城三千九百里

底窩河　距城三千九百里

妙　堡　距城三千九百一十里

阿勒喀堡　距城三千九百一十里

屯集堡　距城三千九百三十里

額奇底河　距城三千九百二十里

額福金山　距城三千九百三十里

都圖佈河　距城三千九百三十里

察喀瑪河　距城三千九百四十里

尼葉尼葉里河　距城三千九百四十里

達柏鄂沸洛　距城三千九百六十里

琢霍林鄂洛沸　距城三千九百六十里

提揚艾河　距城三千九百六十里

克呼木特河　距城三千九百六十里

鄂托庫鄂沸洛　距城三千九百七十里　　尼滿堡　距城三千九百七十里

喀爾瑪圖沸洛　距城三千九百八十里　　壽噶哩鄂沸洛　距城三千九百九十里

索木尼音堡　距城四千里　　尼西普努鄂沸洛　距城四千里

特肯堡　距城四千一百里　　揚提噶鄂沸洛　距城四千里

葢對堡　距城四千一百五十里　　特肯河　距城四千一百五十里

楚拉河　距城四千一百五十里　　葢對河　距城四千一百五十里

拉喀堡　距城四千二百里　　楚克錦河　距城四千二百里

底巴努河　距城四千二百五十里　　温特呼河　距城四千二百里

博和衡河　距城四千三百里　　汪艾河　距城四千三百里

阿當吉山　距城四千三百五十里　　英吉深山　距城四千三百五十里

塔木瑪山距城四千四百五十里　東海島距城四千四百里

奇都西山距城四千四百五十里　塔木瑪河距城四千四百五十里

普隆艾山距城四千五百里　圖克穡呼山距城四千四百五十里

國多和河距城四千五百里　薩依河距城四千五百里

薩依堡距城四千五百五十里　努力葉河距城四千五百里

昆勒圖堡距城四千五百五十里　昆勒圖河距城四千四百五十里

額爾野河距城四千六百五十里　大喜河距城四千四百五十里

額爾野堡距城四千七百里

一吉林所屬地方原設三十八站及兼管二小站額設壯丁八百五十名馬八十五匹牛八十五條內於　乾隆二

十四年十二月二十七日經前任將軍薩拉喜　奏請酌量各站差役輕重程途遠近挪役壯丁八十名馬八十匹牛八十條撥往薩庫哩站至三姓新設之八站當差此新設薩庫哩站等八站添筆帖式各一員撥什庫各一名又於
乾隆三十四年六月初五日經前任將軍伯富亮　奏請酌量各站差役輕重程途遠近金珠至伯德訥等十站額設馬牛內撥往吉林至甯古塔所設大小九站馬二十四匹牛二十四條仍由各本站內挑補莊丁差又於　乾隆四十四年三月十五日經前任
將軍侯和隆武

奏請酌量各站差役輕重程途遠近將吉林至甯古塔大小九
站額役馬牛內撥往蒙古卡倫至鄂勒國穆索等九站馬三
十三匹牛三十八條仍由各本站內挑補兵丁當差現在吉林
所屬共三十八站及二小站壯丁八百五十名馬八百五十
牛八百五十條每馬一年領草豆銀條十八兩每牛一年領
草豆銀条十二兩合計一年應領馬牛草豆銀共二萬五千
一百兩每年應報倒斃馬共二百五十五匹倒斃牛共三百
一十八條買補倒補斃缺額馬牛每馬價銀各九兩每牛
價銀各七兩共應用銀四千五百九十一兩此內每匹倒馬
皮賍變價銀五錢每條倒牛皮行變價銀三錢除變價銀二

百二十五兩九錢外每年實在應領銀共四千三百六十五兩一錢每年共應備馳驛等差廪給銀五百兩

吉林通　盛京西路各站

吉林城烏拉站　至蒐登站七十里

蒐登站　至伊勒門站七十里

伊勒門站　至蘇瓦延站五十里

蘇瓦延站　至伊巴丹站六十里

伊巴丹站　至阿勒談額墨勒站六十里

阿勒談額墨勒站　至黑（赫）爾蘇站六十里

赫爾蘇站　至葉赫站八十里

葉赫站　至蒙古河羅站五十里

蒙古和羅站　至

盛京所屬開原站上　五十五里

吉林城通甯古塔東路各站　吉林城烏拉站

至額赫穆站九十里　額赫穆站

至拉法站八十里　拉法站

至通退站　退通站

至意氣松小站八十里　意氣松小站

至鄂摩和站四十里　鄂摩和站

至他拉小站八十里　他拉小站

至必爾罕站六十里　必爾罕站

至沙蘭站六十里　沙蘭站至甯古台站八十里

甯古台站至甯古塔城

吉林城通伯訥黑龍江等處北路各站

吉林城烏拉站　至金珠鄂佛囉站六十里

金珠鄂佛囉站　至舒蘭河站六十里

舒蘭河站　至法特河站六十里

法特河站　至登伊勒哲庫站五十里

盟溫站　至陶賴昭站五十里

陶賴昭站　至遜扎保站五十里

遜扎保站　至浩色站三十五里

浩色站　至社哩站六十里

社哩站　至伯都訥站八十里

伯都訥站　至黑龍江所屬茂興八十里

又由登伊勒哲庫站通拉林阿勒楚喀三姓等處東北處各站

蒙古喀倫站　至拉林多歡站七十里

拉林多站　至薩庫哩站七十里

薩庫哩站至蜚克圖站六十里　蜚克圖站至色勒佛特庫站八十里

色勒佛特庫站至佛斯亨站六十三里　佛勒亨站至富拉琿站七十三里

富拉琿站至崇右爾庫站七十里　崇右爾庫站至鄂爾國木索站七十二里

鄂爾庫國木索站至妙嘎山站六十八里　妙嘎山站至三姓城五里
吉林城烏拉站至西路蒙古和羅等處九站額赫穆站至東
路甯古台等九站此兩路共十八站額設驛站總管監督一
員隨驛站關防筆帖式一員果什哈領催一名管驛站筆帖
式十六員領催十八名金珠鄂佛羅站至北路伯德納等十
站蒙古喀倫站至東北路妙嘎山等十站此兩路共二十站
額設驛站總管監督一員隨驛站關防筆帖式一員果什哈
領催一名管驛站筆帖式二十員領催二十名
上有領催二十名每名按月食餉銀二兩領催缺出由壯丁
内挑出壯丁八百五十名俱由本站紉丁内挑補並無餉銀

一吉林地方於康熙二十三年修造糧船三十隻以備吉林黑龍江二省遇有饑饉年歲來往運送米石康熙三十一年修造槳船二十隻以備採捕樺皮東珠差使乾隆十九年修造龍船二隻沙船一隻蒲松子船一隻紅船一隻嘉慶十五年裁汰沙船紅船蒲松子船三隻此外每年修造船隻需用木料俱係水手壯丁砍伐木植修造所用桐油釘鐵等項均係由部請領

吉林將軍副都統及甯古塔伯都訥三姓阿勒楚喀副都

統等以

歲

慶賀年

表

誠懽誠忭稽首頓首

臣等

上

賀伏以

德純乾元首正六龍之位

建用皇極肇開五福之先

恭惟
皇帝陛下
率育蒼生
誕膺
景命
羅圖席瑞共珠集而萬國來同
黼扆凝釐陬澨恬而八方和會太平有象
慶祚無疆臣等恭遇
熙朝欣逢
聖誕伏願

王燭常調溥時雍於九牧
金甌永固綿泰運於萬年臣無任瞻
天仰
聖懽忭之至謹奉
表稱
賀以
聞
一吉林屬每歲進
貢物產開列於後

四月内賫送進

上油炸白肚鱒魚肉釘十罈

七月内賫送進

上窩雛鷹鷂各九隻

十月内賫送進

上二年野猪一口

一年野猪一口

鹿尾四十盤

鹿尾骨肉五十塊

鹿觔條肉五十塊

晒乾鹿脊條肉一束
野雞七十隻
稗子米一斛
鈴鐺米一斛
十月内由圍場先賞送進
上鮮味二年野猪一口
鹿尾七十盤
野鷄七十隻
樹雞十五隻
稗子米一斛

鈴鐺米一斛

十一月内貴送進

上七里香九十把

公野猪二口

母野猪二口

二年野猪二口

鹿尾三百盤

野雞五百隻

樹雞三十隻

鰣鰉魚三尾

鰉頭白魚一百尾

鯽魚一百尾

稗子米四斛

鈴鐺米一斛

山查十罈

梨八罈

林檎八罈

松塔三百個

山韮菜二罈

野蒜苗二罈

柳木鎗鞘八根

駁馬木線鎗鞘八根

柳木線鎗鞘八根

樞梨木虎鎗杆三十根

樺木箭杆二百根

楊木箭杆二百根

十一月内賫送進

上海青蘆花海青蘆花鷹白色鷹並無額數

窩集狗五條

十一月内賫送進

上
賀哲匪雅喀奇勒哩官貂鼠皮二千五伯八十二張
隔一年賫送進
上
御覽紫樺皮二百張
上
用紫樺皮一千四百張
白樺皮改為紫樺皮一千四百張
官紫樺皮二千張
又應交下五旂官紫樺皮一萬二千張
白樺皮三千張
煖木皮四百五十斛觔
韮草四百五十觔

又應交下五旂官每旗煖木皮各五十觔

葦草各五十觔

以上俱宜賫送武備院查收

接

駕及恭賀

萬壽進

貢物並開列於後

貂　鼠

白毛稍黑狐狸

倭　刀

黄狐
貂
梅花鹿
角鹿
鹿羔
麅
麅羔
麞
虎
熊
元狐皮
倭刀皮
黄狐皮

猞狸猻皮

水獺皮

海豹皮

虎皮

豹皮

灰鼠皮

鹿羔皮

鵰鶴翎

海參

白肚鱒魚肉釘

烤乾白肚鱒魚肚囊肉

油炸鰉魚肉釘

烤乾細鱗魚肚囊肉

草根魚

鰟頭魚

鯉魚

花鯚魚

魚油

晒乾鹿尾

晒乾鹿舌

鹿後腿肉

小黄米

杭稗子米

高粮米粉面

玉秫米粉麵

小黄米粉面

蕎麥糝
小米粉靣
穇子米粉麵
和的水端餑餑
豆麪剪子股餑餑
搓條餑餑
打羔肉夾搓條餑餑
炸餃子餑餑
打羔餑餑
豆靣餑餑
豆麵羔餑餑
蜂糕餑餑

葉子餑餑
水䭢子餑餑
魚兒餑餑
野雞蛋
葡萄
杜李
羊桃
山核桃仁
松仁
榛仁
核桃仁
杏仁

松子

白蜂蜜

蜜脾

蜜夫

生蜜

山韭菜

貫衆菜

藜蒿菜

餑頭菜

河白菜

黄花菜

紅花菜

蕨菜

芩菜

叢生蘑

鵞掌菜

一吉林地方康熙十年由甯古塔移駐滿洲兵七百名

康熙十年由本處添設滿洲兵六百名

康熙十六年添設滿洲兵一千二百二十一名

康熙二十年移往四邊門兵八十名

康熙二十九年移往黑龍江滿洲兵八百名

康熙二十九年添設滿洲兵七百三十名漢軍兵七十名

康熙三十一年添設錫伯滿洲兵一千名

康熙三十一年添設巴爾虎兵四百兵名

康熙三十八年將錫伯滿洲兵一千名移往都京

康熙五十二年添設滿洲兵五百七十九名

康熙五十四年移往三姓滿洲兵八十兵其缺仍挑補滿洲兵八十名

雍正三年移往阿勒楚喀滿洲兵一百名

雍正四年將巴爾虎兵裁汰五十名其缺挑補漢軍兵五十名

雍正六年移往伊通滿洲兵一百名

雍正十年將打牲烏拉包衣下閑散丁内挑選滿洲兵一千名於

乾隆五年移往打牲烏拉

雍正十一年由官庄台站水手内挑設新漢軍烏鎗兵一千名

乾隆三年移往額穆和索囉滿洲兵一百二十名
乾隆二十五年將新漢軍鳥鎗兵裁汰三百名其缺由甯古
塔琿春二處挑補
乾隆三十年因給與四邊門台領催擺渡水手領催等餉銀
將新漢軍鳥鎗兵裁汰二十六名
以上除裁汰挪役兵丁外現在實有額設
滿洲兵二千六百三十名
巴爾虎兵三百五十名
陳漢軍兵一百二十名
新漢軍鳥鎗兵六百七十四名

共兵三千七百七十四名

一打牲烏拉地方於乾隆五年由吉林移駐打牲滿兵一千名

於乾隆二十五年裁汰兵三百名其缺由甯古塔琿春二處

挑補乾隆四十年由原額七百兵内挑放食原餉無品及筆

帖式二員教習一員

以上除裁汰兵丁外現在實有額設

滿洲兵七百名

一伊通地方於雍正六年由吉林移駐滿洲兵一百名由開原

移駐滿洲兵百名共兵二百名

一額穆和索羅地方於乾隆三年由吉林移駐滿洲兵一百二

十名　一巴彥鄂佛洛囉伊通邉赫爾蘇佛爾圖庫苐四邉門康熙二十年初設四邉門時由吉林八旂額兵内移駐滿洲兵各二十名

一吉林水手營康熙十三年設立共有修造粮器船水手領催八名壯丁二百五十名木艌匠役四十五名

共水手丁三百三名

一甯古塔地方順治十年原有滿洲兵四百三十名

順治十八年添設滿洲兵五百名

康熙三年添設滿洲兵六十六名

康熙十年將滿洲兵七百名移往吉林

康熙十七年添設滿洲兵二百九十名

康熙二十九年移往黑龍江滿洲兵二百名

康熙二十九年添設兵一百五十六名

康熙五十二年添設滿洲兵四百五十八名

康熙五十三年移往琿春滿洲兵四十名其缺仍挑補滿洲

四十名

乾隆二十五年由吉林裁汰新漢軍兵三百名打牲烏拉裁

汰滿洲兵三百名其缺由甯古塔挑補滿洲兵四百名琿春

挑補滿洲兵二百名

以上除裁汰挪移兵丁外現在實有額設滿洲兵

一千四百名

一琿春地方康熙五十三年由甯古塔移駐滿洲兵四十名挑

新滿洲兵一百五十名

乾隆十七年由三姓移駐滿洲兵六十名

乾隆二十五年由吉林裁汰新漢軍兵三百名打牲烏拉裁

汰滿洲兵三百名其缺由琿春挑補滿洲兵二百名甯古塔

挑補滿洲兵四百名

以上額設滿洲兵四百五十名

一伯都訥地方康熙三十一年初設滿洲兵二千名

康熙三十八年移往

盛京滿洲兵一千四百名

康熙四十年添設蒙古兵一百名

康熙五十二年由吉林閑散内挑補兵四百名移駐伯都訥

雍正三年移往阿勒楚喀滿洲兵一百名

以上除挪移兵丁外現在實有額設

滿洲兵九百名

蒙古兵一百名

共兵一仟名

一三姓地方康熙五十三年初設新滿洲兵二百名康熙五十

一年由吉林移駐滿洲兵八十名

雍正十年三姓打牲丁內挑補滿兵一八千百名

雍正十年將八姓打牲丁內挑補兵一仟名

乾隆十七年移往琿春滿洲兵六十名

乾隆二十一年移往阿勒楚喀滿洲兵三百名裁汰滿洲兵二百名

以上除裁汰挪移兵丁外現在實有額設

滿洲兵一仟五百二十名

一阿勒楚喀拉林地方雍正三年由吉林移駐滿洲兵一百名由伯都訥移駐滿洲兵一百名又將吉林閑散內挑補滿州兵一百兵名伯都訥閑散內挑補滿洲兵一百名共設兵四

百名

雍正十年添設滿洲兵一百一十二名

乾隆二十一年由三姓移駐滿洲兵三百名於乾隆二十七年八駐阿楚喀滿洲兵四六名

以上二處兵移駐添設

滿洲兵八千八百一十二名

以上吉林通省現有額設

滿洲兵八百八十二名

蒙古兵一百名

巴爾虎兵三百五十名

陳漢軍兵一百二十名

新漢軍鳥鎗營兵六百七十四名

以上通省額設兵共一萬零五十六名此内領催七百二十九名前鋒兵二百十六名每名按月食餉銀三兩披甲九千一百一十一名每名按月食餉二兩領催缺出由本領下前鋒披甲内挑補前鋒缺出由本旗披甲内挑補披甲缺出由本名佐領下閑散内挑補水手營領催八名每名按月食領餉銀一兩五錢壯丁二百五十名本艌匠役四十五名每名按月食餉一兩領催缺出由壯丁内挑補壯丁缺出由幼

丁内挑補之處理合聲明

一吉林八旂蒙古旗烏鎗營打牲烏拉伊通額穆和索囉凹遻

門等共額設

協領十員參領一員每員盔甲一副弓二張撒袋一副腰刀

一口箭二百五十支

佐領六十七員每員盔甲一副弓二張撒袋一副腰刀一口

箭二百支

防禦三十五員每員盔甲一副弓二張撒袋一副腰刀一口

箭一百五十支

驍騎校六十九員每員盔甲一副弓二張撒袋一副腰刀一

口箭一百支此外佐領驍騎校各有纛一桿

一甯古塔額設

協領二員每員盔甲一副弓二張撒袋一副腰刀一口箭二百五十支

佐領十二員每員盔甲一副弓二張撒袋一副腰刀一口箭二百支

防禦十二員每員盔甲一副弓二張撒袋一副腰刀一口箭一百五十隻

驍騎校十二員每員盔甲一副弓二張撒袋一副腰刀一口箭一百支此外佐領驍騎校各有纛一桿

一琿春額設
協領一員盔甲一副弓二張撒袋一副腰刀一口箭二百五十支
佐領三員每員盔甲一副弓二張撒袋一副腰刀一口箭二百支
防禦二員每員盔甲一副弓二張撒袋一副腰刀一員箭一百五十支
驍騎校三員每員盔甲一副弓二張撒袋一副腰刀一員箭一百支此外佐領驍騎校各有纛一桿
一伯都訥額設

協領二員每員盔甲一副弓二張撒袋一副腰刀一口箭二百五十支

佐領十二員每員盔甲一副弓二張撒袋一副腰刀一口箭二百支

防禦八員每員盔甲一副弓二張撒袋一副腰刀一口箭一百五十支

驍騎校十二員每員盔甲一副弓二張撒袋一副腰刀一口箭一百支此外佐領驍騎校各有纛一桿

一三姓額設

協領二員每員盔甲一副弓二張撒袋一副腰刀一口箭二

百五十支

佐領十五員每員盔甲一副弓二張撒袋一副腰刀一口箭二百支

防禦八員每員盔甲一副弓二張撒袋一副腰刀一口箭一五十支

驍騎校十五員每員盔甲一副弓二張撒袋一副腰刀一口箭一百支此外佐領驍騎校各有纛一桿

一阿勒楚喀佐領拉林地方每處額設

協領一員盔甲一副弓二張撒袋一副腰刀一口箭二百五十支

二處佐領十三員每員盔甲一副弓二張撒袋一副腰刀一口箭二百支

二處防禦十員每員盔甲一副弓二張撒袋一副腰刀一口箭一百五十支

二處驍騎校十三員每員盔甲一副弓二張撒袋一副腰刀一口箭一百支此外佐領驍騎校各有纛一桿

以上官員軍器盔甲遇有殘破俱係自力修補貯各本家每歲年底將實有官員軍器盔甲數目派員查閲取具甘結備查仍將查閲之處題奏外另行

造册咨報兵部理合聲明

吉林地方八旂蒙古旂烏鎗營打牲烏拉伊通額穆和索囉四邊門等處兵額兵四千八百七十四名每名弓一張撒袋一副腰刀一口領催前鋒每名箭七十支兵二名鎗一桿兵四名帳房一架銅鍋一口領催每名號旗一桿外有大閲時作為軍裝盔甲一千八百五十副每歲春秋操演鳥鎗一千二百七十四桿

吉林打牲烏拉共設棉甲一千四百六十件

一甯古塔地方共額兵一千四百名每名弓一張撒袋一副腰刀一口領催前鋒每名箭七十支兵二名鎗一桿兵四名帳

房一架銅鍋一口領催每名號旗一桿外有大閱時作爲軍裝
裝盔甲五百七十副每歲春秋操演鳥鎗二百桿

一琿春地方共額兵四百五十名每名弓一張撒袋一副腰刀
一口領催每名箭七十支披甲每名箭五十支兵二名鎗一
桿兵四名帳房一架銅鍋一口領催每名號旗一桿外有大
閱時作爲軍裝盔甲一百八十一副甯古塔琿春兵設棉甲
五百五十件

一伯都訥地方共額兵一千名每名弓一張撒袋一副腰刀一
口領催前鋒每名箭七十支披甲每名箭五十支兵二名鎗
一桿兵四名帳房一架銅鍋一口領催每名號旗一桿外有大

閱時作為軍裝盔甲四百二十副每歲春秋操演鳥槍二百
桿共設棉甲三百件
一三姓地方共額兵一千五百二十名每名弓一張撒袋一副
腰刀一口領催先鋒每名箭七十支披甲每名箭五十支兵
二名鎗一桿兵四名帳架房一架銅鍋一口領催每名[illegible]
一桿外有大閱時作為軍裝盔甲六百三十副每歲春秋操
演鳥槍二百桿共設棉甲四百五十件
一阿勒楚喀拉林地方每處額兵四百零六名共兵八百一十
二名每名弓一張撒袋一副腰刀一口領催前鋒每名箭七
十支披甲每名箭五十支兵二名鎗一桿兵四名帳房一架

銅鍋一口領催每名號旂一桿外有大閱時作為軍裝盔甲三百四十副二處共設棉甲二百四十件

以上各城各項軍器自官設以来遇有殘破俱係兵力粘補各本旂收貯此内惟有鳥鎗棉甲二項係動用官項修補存貯各本處庫内春秋二季操演時將鳥鎗發出使用操演完竣仍交庫内存貯每歳年底派員查閱各軍器數目取具甘結備查仍將查閱之處題奏外另行造冊咨報兵部其於何年設立并增減年分久檔案不全無憑可查之處屢經聲明在

案理合查明

一吉林地方共有邊四座内有三邊門各屬七台其餘一邊門所屬八台共台二十九座俱係康熙二十年設立每邊門各有防禦一員筆帖式一員管轄外各有吉林移駐旗兵二十名每邊門各有總理領催一名每台領催各一名台丁各一百五十名兵係看守邊門盤查出入台丁係充當拴邊挖壕差使

巴彦鄂佛囉邊門在吉林地城正北一百七十里此邊門防禦筆帖式缺出由厢白正藍二旗驍騎校披甲内挑選補放額兵二十名俱係滿洲此内領催一名每月食餉銀三兩

披甲十九甲名每月食餉銀二兩領催缺出亦由二旗披甲

缺出由本旗佐領下閑散内挑補台總理領催一名每月食

餉銀二兩台領催七名每月食餉銀一兩五錢總理領催内

挑補領催缺出由正丁内挑補七台兵正丁一百五十名俱

由本台幼丁内挑補並無餉銀邊内係吉林所屬邊外松花

江東伯都訥界松花江西係蒙古界西南距伊通邊門三百

里

伊通邊門在吉林城西北二百八十里此邊門防禦筆帖

式缺出由廂黄正白二旂驍騎校披甲内挑選補放額兵二

二十名内有滿洲兵十六名陳漢軍兵四名此内領催一名

每月食餉銀三兩披甲十九名每月食餉銀二兩領催缺出亦由二旂披甲内挑補披甲缺出由本旗佐領下閑散内挑補領催一名每月食餉銀二兩台領催七名每月食餉銀一兩五錢總理領催缺出由台七台領催内挑補領催缺出由台丁内挑補七台共台丁一百五十名俱由本台幼丁内挑補並無餉銀邊内係吉林所屬邊外係長春廳與蒙古界

西南距赫爾蘇邊門一百二十里赫爾蘇邊門在吉林城西北四百里此邊門防禦筆帖式缺出由正黄正紅二旗驍騎校披甲内挑選補放額兵二十名俱係滿州此内領催一名每月食餉銀三兩披甲十九名每月食餉銀二兩領催缺出

亦由二旗披甲内挑補披甲缺出由本旗佐領下閒散内挑補台總理領催一名每月食餉銀二兩領催七名每月食餉銀一兩五錢台委署領催一名不給餉銀總理領催缺出由七台領催内挑補領催缺由委署領催台丁内挑補八台共台丁一百五十名由本台幼丁内挑補並無餉銀邊内係吉林所屬邊外係蒙古界内西南距佈爾圖庫邊門八十里

佈爾圖庫邊門在吉林城正南西五里此邊門防禦筆帖式缺出由廂紅廂藍二旂驍騎校披甲内挑選補放兵二十名俱係滿洲此内領催一名每月食餉銀三兩披甲十九名每月食餉銀二兩領催缺出亦由二旂披甲内挑補披甲缺出

由本旗佐領下閑散内挑補台總理領催一名每月食餉銀
二兩台領催七名每月食餉銀一兩五錢總理領催缺出由
七台領催内挑補領催缺出由台丁内挑補七台共台丁一
百五十名俱由本台幼丁内挑補並無餉銀遣内係吉林所
屬邊外係蒙古界西南距
盛京所屬威遠堡邊門一百一十里
一拉林地方於乾隆九年由京都挪移閑散滿州七百五十户
分為頭八屯二八屯居住
乾隆十年由都京挪移閑散滿州二百五十户添與二屯居
住

阿勒楚喀城地方乾隆二十一年由都京挪移閑散滿州五百戶按立海溝八屯居住

乾隆二十二年由都京挪移閑散滿州五百戶按立乇琿八屯居住拉林地方於乾隆二十四年由都京挪移閑散滿州五百戶按霍集莫八屯居住自乾隆三十二年起至嘉慶十五年二處除將閑散滿州内陸續挑補披甲二百八十五名外現有閑散滿州二千七百一十五戶每年每戶給銀五兩修葺房屋添補農具等項共支領報銷銀一萬三千五百七十五兩

一吉林地方每歲陸續由部請領散放刨參票張收繳參觔裁段年分開列於後

計開

乾隆二十八年原任將軍恒禄

奏請行放烏蘇里等山參票改爲吉林甯古塔地方設立官參局收貯參斤自二十八年至三十二年每年由部領取烏蘇里綏分山票四千張回山照票四千張護票八張内分給甯古塔烏蘇里山票二千張回山照票二千張護票四張每票一張作爲五夫收參十二兩由京派員會同散放賸票送

部繳銷

乾隆三十三年將軍恒禄

奏請吉林甯古地方行放參票仿照奉天辦理改爲小票自三

十三年至三十四年由部領取小票二萬四千張回山照票二萬四千張護票八張每票一張刨夫一名收參五錢由京派員會同散放

乾隆三十四年將軍富亮奏請添設增洛拉密山票四千張英額嶺山票二千張回山照票六千張護票四張自三十五年至四十一年由部領取烏蘇里綏芬洛拉密等山小票二萬張回山照票三萬張護票十二張由京派員會同散放

乾隆四十一年奉准戶部侍郎金簡題准由京部内派往吉林甯古塔二處會辦放票收參之章京停其派往着交該將

軍副都統辦理

乾隆四十二年

欽差侍郎金簡將軍福康安等會議

奏請裁去小票改爲四夫一票每票一張收官參二兩如刨夫

願帶二三人者各給將軍印照一張收官參五錢自四十二年

至至四十七年由部領取烏蘇里綏芬洛拉密英額領等山票

四千張回山照票四千張護票十二張每放部票一張收參二

兩收得官參内如有大枝參或有上好參枝即作爲四等參呈

進

乾隆四十八年

乾隆四十八年

盛京將軍永瑋吉林將軍慶桂等會議採挖參山自四十八年

至五十二年

奏請歇山後將偷挖參枝賊犯拿獲至六百餘人偷挖得參枝

二百兩之緣由具

奏奉

旨下年毋庸歇山仍放給刨夫票張開採欽此欽遵自四十九年

至五十五年由部仍領取烏蘇里綏芬英額嶺等山票四

千張回山照

票四千張護票十二張

乾隆五十六年將軍琳甯
奏請由吉林甯古塔二處減票一千張自五十六年至五十八年由部領取烏蘇里等山票三千張
乾隆五十八年將軍恒秀
奏請以三千張參票內分放烏蘇里山一千五百張洛拉密山票七百張英額嶺山票七百五十張蒙古魯山亦參枝分放票五十張蝎力散票刨採後至五十九年經
欽差大學士公福康安等
奏請吉林本城參票即以五百張為試放之數其阿勒楚喀三姓伯都訥甯古塔參票仍循照舊散放自五十九年至嘉慶三

年由部領取刨參票三千張内吉林留票一千四百張行放五百張分給甯古塔票一千張三姓票三百張阿勒楚喀票二百張伯都訥票一百張仍照舊竭力散放剩票送部繳銷嘉慶四年吉林將軍秀林奏

奏請吉林定以行放參票五百張内減票五十張伯都訥照上年放出三十四張内減票二張三姓照上年放出票三十六張内減票三張阿勒楚喀照上年放出票二十九張内減票二張惟甯古塔參票並未議減吉林甯古塔二處事同一體吉林原額五百張減票五十張内給甯古塔分減票十四張印照一張吉林減票三十五張印照三照二處減票五

十張免其交參自參餘銀内折價抵充該處官兵俸餉其吉林票仍以五百張為額甯古塔票以亦二百十張為額伯都訥票以三十二張為額三姓票以三十三張為額阿勒楚喀票以二十七張為額自嘉慶四年至五年仍由部領取刨參票三千張照額散放剩票送部繳銷嘉慶六年奉准戶部議覆刨參票三千張内議裁二千張護票四張自六年至十五年每年由部領取烏蘇里綏芬洛拉密英額嶺蒙古魯等山參票一千張回山票一千張護票八張照額分給各城竭力行放剩票送部繳銷

一現今庫貯

乾隆四十四年四月接到

平定金川版圖三十四張

嘉慶五年九月接到

平定台灣版圖十二張

嘉慶十年三月接到

平定湖北湖南版圖十六張

平定四川版圖四張

吉林通省圖一張

吉林城圖一張

長白山圖一張

望

祭長白山圖一張

吉林彙徵

〔清〕郭熙楞　撰

提要

《吉林彙徵》是作者彙徵其他史籍著作之精粹，經過整理加工而成。《吉林彙徵》由郭熙楞撰，全書一册，一百五十一頁，六萬五千字，民國三年（一九一四）成書，民國六年（一九一七）鉛印本。該書藏於遼寧省圖書館、大連市圖書館、黑龍江省圖書館等多家圖書館。此後，據此版本分别於一九六〇年、一九八二年、二〇〇七年被部分圖書館印刷收藏。

本書爲郭熙楞從事吉林公務之餘所著，内容涉及疆域沿革、山川支脉、官兵之編制、人物種類、風俗，旁及金石碑文，共七章，後附附録。

本書通過詳細記載吉林地區從唐虞及周秦至明季清初的沿革；吉林的疆域、山川等自然地理狀況，包括長白山支脉、圖們江流域、松花江流域等的描述和附圖；對政治、種族、風俗、地産等方面的清晰闡述；對吉林地區金石碑文等文化遺産的真實記録，系統地記述了吉林地區的文化資料，涵蓋歷史、地理、政治、風俗等多個領域，爲研究吉林地區的歷史變遷、地理環境演變、政治現象、社會風貌等提供了清晰的脉絡和豐富的素材。書中關於政治章之兵制、交涉、中韓圖們江勘界始末、中俄勘界始末等内容，爲研究近代以來的中外關係提供了線索和依據，具有重要參考價值。

爲盡可能保存古籍底本原貌，本書做影印出版，因此，書中個别特定歷史背景下的作者觀點及表述内容，不代表編者的學術觀點和編纂原則。

吉林爲古肅眘之國由漢迄今郡國部落錯雜其間唐書白居易傳鷄林賈人求其詩云其國宰相以一金易一篇是爲稱鷄林之始滿洲語烏拉吉林四字連稱烏拉謂江吉林謂沿其僅曰吉林從漢文而省也然則吉林雞林亦取其聲音相近云爾豈有他哉顧其山則有長白興安諸嶺蜿蜒迤邐不亞五嶽之雄奇也其水則有松花混同鴨綠烏蘇里諸江浩瀚汪洋不亞三江之明秀也且林礦土田鳥獸魚蟲寶石珍珠嘉禾良藥山珍海錯美備精良不亞九州之華實也然數千百年地利不盡闢人煙不加密渾渾噩噩樸陋如太古望古城廢壘以及畊隴舊蹟又時流露於蔓草荒煙豈遼金以還盛而復衰與抑篳路藍縷山林猶待啓與不禁唏噓憑弔者久之欲求之記載非獨文獻無徵即覓一竹枝辭亦不可得蓋清初閉關自守愚昧其民以讀書力田爲厲禁不以教育爲事又常有文字之獄故記載寥寥及季世日俄逼處幡然變計改行省置郡縣設民官講求新政綱舉目張雖日有進步頓改舊觀而桑榆收效已失之晚吁可慨已　合肥郭君伽園博雅君子從事吉林公餘之暇博收約取箸有吉林彙徵二卷凡疆域沿革山川支派官兵之編制人物種類風俗旁及金石

靡不具備於國界國防尤爲留意所論前清俄約三次之失蹙地數千里每慨乎言之更以失去海參崴我無海口根據地爲可惜又中國與韓勘圖們江界未定其後雖間島爭回而咸豐十年天津俄約所云海中間之嶺至圖們江口其東屬俄其西屬中國者計俄里二十有五尙無着落查中韓勘界原有土門江西南屬朝鮮東北屬中國之語土門即圖們其問應有歸中國海口之地今韓已併於日無論何時我若與俄脩約皆應按照原約據理力爭以爲出海之一線而不可稍形退讓一誤再誤致塞咽喉雖然航路固不可緩鐵路亦所當急光緒中葉俄日東淸南北滿鐵路縱横入我疆界門戶洞開藩籬盡撤一旦疆埸有事運兵運餉人通而我塞此坐困之道也我惟有吉長鐵路二百六十餘里庸有濟乎亟宜立限展長使依密延甯一帶處處修成御接一氣或由奉直達京津或由奉旁出灤河或由黑遠繞張庫四通八達制人而不受制於人而電線之安設亦如之至於練兵興學廣屯墾課工藝生聚教養爲民國實邊而不同於前清　之因循敷衍者又不待言矣語曰前車覆後車鑑又曰亡羊補牢未爲晚也有心時局者當不河漢斯言迴憶宣統庚戌余始至吉林有吉

林紀事詩之作頗費搜羅今　郭君之箸是編更徵聲氣應求同一未忘結習但白山黑水共客邊庭時閱三秋風景不殊舉目有河山之異信乎王氣不足恃而人才之大可貴也後之覽者其亦有感於中發政治思想而進籌邊一策乎

民國二年五月十六日豫章沈兆禔序於依蘭

吉林彙徵

箕尾星明大漠秋羨君
長揖客邊州平生廣武
英雄歎一掌恒沙世界收
地志蒐殘成絕學版圖
攬取借前籌何時共盡
飛騰志倚塞論兵看劍鉤

遯園社兄不見逾十年矣昨晤於京師出所輯吉林彙徵見示披讀既竟爲題長白以志傾佩中華民國六年二月李國筠識

吉林彙徵自序

僕生長蓬廬早失乾陰深懷無告孤憤幽居備平子之四愁甚梁鴻之五噫長卿賣賦渴病滋深方朔爲郎飢愁欲死依劉無計徒悽愴以登樓荐范何人獨旁皇於歧路於是抱琵琶而出塞束髮從軍聽觱篥於胡天柔腸結轂時則喧笳動地塡鼓驚天磧走沙黃峰迴霜紫落日照大旂之色塞馬嘶風荒城鳴戍鼓之聲征鴻叫月每於木葉山前蓮花幕裏盾磨餘瀋燭刻閒陰則嘗準析木考不咸遠溯乎肅愼通貢之初下迄乎元菟置郡之後蓋以三垣考曜上應箕尾之墟九野分畺古號挹婁之國黑水中分於棡地夫餘界接乎掩淲七部之域魏隋殊名五京之稱遼金異壤單單大嶺而太皇蓋馬長白異其稱森森三江而松花圖們鴨綠別其派碙盤十道鬱棲陵舄多荒穴接九梯楚棘蠶叢甫鬪崆峒人武大榮祚稱雄於忽汗河東禺吾天驕鐵骨打得勝於拉林江上至若俗同蒙段地號大荒金鈴繫腰蘇蘇膜拜銅環貫耳牙牙曼歌侏偶昧乎語言狉獉成其風俗刀畊火種未頒條敎之書鑿齒雕蹏不改羌戎之習環象豥隔文軌鸛遲則當授齊民要術以訓農法周禮黨庠以敎士又若鐵道霆馳金

甌蕩駭内侵蝨賊外逼犬戎防秋之策多疏銅柱之標盡失甘松互市方恃赤嶺爲長城回紇請盟竟棄維州爲甌脱食肉之儔盧何能遠臥榻之下睡豈容鼾則當置戊己之邊防增庚戌之土斷效李悝盡地力之智用趙過能代田之名他如五行百産寶藏精英王韞珠輝山川明媚梗楠杞梓膂秀乎輪囷球琳琅玕貢輸於天府研地質則古禽埋骨藉詮鵬鳳於説文標物本則奇獸留皮克辨騼騝於爾疋此又白阜莫能測其奇山經莫能窮其類也今者故宮荊棘已歿銅駝兩戒山河難關鐵牡撐犁自號强胡自恃荒驕冒頓不庭背漢妄思狻逞望風雲於沙漠思將帥於鼓鼙小醜倘存英雄爲之髀拊匈奴未滅男兒何以家爲用是摎集遺文徵求舊説綴爲一集名曰吉林彙徵無藏旻數對之才媿張華風物之志自知覆瓿聊備采輶嗟呼萬里投荒抱蠻府參軍之恨三年羈迹歷蔦溪毒站之鄉冷炙偏饒勞薪未息江次翁之供母依舊行傭阮步兵之途窮於今知命嘅其歎矣謂之何哉摩崖燕筆試請待乎他年潤色鴻文幸以俟諸君子

民國三年十月合肥伽園氏郭熙楞自識於依蘭官廨

地志之書之以簡核勝者厥惟明康氏之武功縣志韓氏之朝邑志包括鉅細義例分明後世郡邑官書競相祖述而莫之或及其私人著述繁博而不失之冗濫者太平寰宇記最爲賅洽而范成大桂海虞衡志典贍詳核尤爲傑構明鄺氏露游廣西譔赤雅三卷叙述簡雅論者謂與范志相頡頏蓋文人學士寄跡異地流連景物俯仰今古徵文考獻紀述異同其關於掌故者至偉豈僅記道里之所出與夫風雲月露之歎歌云爾哉　合肥郭子伽園宿學之士也所輯吉林彙徵一書實兼有范鄺二氏之長受讀既竟輙粗序古今輿記之書之得失於此丙辰中伏日王彭識

吉林彙徵

吉林彙徵

凡例

一輿地之學自古爲難矧吉林屬在荒徼郡縣建置隨時更變地點沿革古無載籍未易確定是編引徵歷史於郡縣析置互相詮證得以知地輿之沿革焉

一吉林郡縣設治在清光緒初年僅有數屬自改建行省次第設治府廳州縣增至三十餘處然各屬命有源於歷史者有沿用滿語者故於行政區域各縣建置年月之中並述地理歷史滿語土名以誌源流

一政治一門僅列職官兵政外交三項歷記官制沿革軍政設施以及日俄交涉將以稽舊章攷新政觀政治之得失供後來之參考若教育墾務寔業各要政尚待進行之際姑從闕焉

一種族風俗皆關於政治之進化是編所述或采取前人雜說或得之口耳訊問以及各局調查與官署之報告彙集編成以俟他日採風者有所徵焉

一是編取材史事旁徵舊說如柳邊紀略甯古塔紀略東北邊防輯要吉林地誌雞林舊聞錄通志政書公私報章皆分別採擇以取翔寔

一地輿人物金石各類間有搜輯一二未能成帙然又不忍割愛故附錄於後以俟大雅

吉林彙徵

君子敬之

吉林彙徵目錄

目錄

吉林彙徵

目錄

四

吉林彙徵

吉林彙徵卷上

合肥郭熙楞伽園甫著　男光霻𩅰𩂯震霫霞校字

第一章　沿革

第一節　唐虞及周秦

吉林爲古東方之國其見於史冊者虞爲息愼夏商周爲肅愼亦曰稷愼史紀五帝紀至於荒服北山戎發息愼咸戴帝舜之功竹書紀年載帝舜二十五年肅愼來朝獻弓矢書序云成王旣伐東夷肅愼來賀左傳昭九年肅愼燕亳吾北土也山海經云大荒之中有山名不咸有肅愼之國

按肅愼稷愼實皆一國郭璞注山海經謂去遼東三千餘里今名爲挹婁國杜預左傳注肅愼北夷在元菟北三千餘里晉之遼東爲今之遼陽州元菟在遼東東北則自遼東以至北海統名曰肅愼也

第二節　兩漢及三國

漢武帝元封三年滅朝鮮分置樂浪元菟臨屯眞番四部至昭帝始元五年罷臨屯眞番以併樂浪元菟徙居高句驪自單單大嶺以東沃沮濊貊悉屬樂浪後以境土廣遠復分嶺東七縣置樂浪東部都尉後漢書東夷傳夫餘國在元菟北千里南與高句驪東與挹

婁西與鮮卑接北有弱水地方二千里本濊地也三國志東夷傳夫餘在長城之北本屬元菟漢末公孫度雄張海東夫餘王尉仇台更屬遼東時句驪鮮卑疆夫餘介二虜之間又後漢書東夷傳挹婁古肅愼之國也在夫餘東北千餘里東濱大海南與北沃沮接不知其北所極又東沃沮在高句驪蓋馬大山之東東濱大海北與挹婁夫餘南與濊貊接其地東西狹南北長可折方千里一名置溝婁去南沃沮八百餘里又高句驪本出於夫餘其國在遼東之東千里南與朝鮮濊貊東與沃沮北與夫餘接地方二千里

按元菟郡武帝元封四年開屬幽州三有高句驪上殷台西蓋馬等語又據後漢書東夷傳沃沮在高句驪蓋馬大山之東蓋馬山即蓋馬縣境之山今之長白山也山以南爲蓋馬縣北爲上殷台高句驪爲遼水所出即今伊通境（見陳澧東塾集）則今之吉林府伊通磐石皆元菟郡屬也山以東爲嶺東七縣漢滅朝鮮遂並降沃沮濊貊屬樂浪樂浪爲七縣統部兼有圖們江南北之地是夫餘在元菟北千里別爲一部高句驪王墓碑有東夫餘北夫餘以四至地界攷之則高句驪以北挹婁以西當在今長春伯都訥地挹婁在夫餘東北千餘里則長白山以東由甯古塔至混同江所謂北沃沮不知其北所極是也沃沮有二有南沃沮北沃沮單單大嶺即今之長白山武帝滅朝鮮以沃沮地爲元菟郡後爲夷貊所侵徙郡於高句驪西北更以沃沮爲縣屬樂浪東部都尉光武

吉林彙徵

罷都尉官後皆以封其渠帥爲沃沮侯則由圖們江北以及今之咸鏡道等處皆南沃沮也北沃沮一名置溝婁當即烏稽琿春以北盡海濱諸地凡林木叢雜人馬難行之處皆稱烏稽亦曰阿集兩漢之沃沮南北朝之勿吉隋唐之靺鞨皆指此也以當時四至攷之則吉林東南爲樂浪沃沮西南爲元菟東北爲挹婁西北爲扶餘也

第三節　兩晉及南北朝至隋

晉太康六年夫餘爲慕容廆所襲破其王依慮自殺子弟走保沃沮七年夫餘王依羅遣詣何龕求率見人還復舊國仍請援龕上列晉遣賈沈與廆戰廆敗羅得復國又東夷傳肅愼氏一名挹婁在不咸山北去夫餘可六十日行東濱大海西接寇漫汗國北極弱水其土界廣袤數千里居深山窮谷其路險阻車馬不通北史勿吉傳勿吉在高句驪北一曰靺鞨其部凡七一粟末部二伯咄部三安車骨部四拂涅部五號室部六黑水部七白山部魏書勿吉傳勿吉國在高句驪北舊肅愼國也國有大水闊三里餘名速末水國南有徒太山魏言太白其傍有大莫盧國覆鍾國莫多回國庫婁國素和國具弗伏國匹黎尒國拔大何國郁羽陵國庫伏眞國魯婁國羽眞侯國又豆莫婁傳豆莫婁國在勿吉國北千里去洛六千里舊北扶餘也在室韋之東東至於海方二千里新唐書北狄傳達末婁自言北扶餘之裔高麗滅其國遺人渡那河因居之或云他漏河東北流入黑水隋書

靺鞨傳靺鞨在高麗之北邑落各有酋長不相總一凡有七種卽古肅愼氏也所居多依山水東夷中爲强國有徒太山者俗甚敬畏其國西北與契丹相接與隋懸隔惟粟末白山爲近隋開皇中粟末靺鞨與高麗戰不勝厥稽部長塔濟率八部勝兵數千人自夫餘城西北舉落內附大業八年詔左十二軍出盖馬南蘇元菟扶餘沃沮等道右十二軍出肅愼等道征高麗舊唐書東夷傳高麗者出自扶餘之別種也東渡海至於新羅西北渡遼水至於營州南渡海至於百濟北至靺鞨東西三千一百里南北二千里其王高建武貞觀五年築長城東北自扶餘城西南至海千有餘里

按夫餘挹婁晉時疆域與後漢略同惟夫餘王子弟走保沃沮沃沮晉書無傳其疆域未可臆斷至夫餘王被慕容儁虜滅之後至北魏時爲勿吉所逐（見魏書高句麗傳）想即爲勿吉所併故魏書以後遂不復見矣勿吉挹婁靺鞨後皆統稱黑水靺鞨太白徒太皆長白山也粟末即松花江也粟末部居最南抵長白山與高麗接黑水部居極北當在今三姓以東沿混同江各岸自唐取平壤白山部入唐其伯咄安車骨遺人皆併入渤海惟黑水部尚爲完疆耳豆莫婁即魏書勿吉傳大莫盧國唐書達末婁所云在勿吉國北千里舊北扶餘北扶餘當在北郭爾羅斯至黑龍江地至高麗滅其國遺人度那河因居之那河即嫩江古名難水所云室韋之東當在室建河口爲今伯都訥左右高

麗出自扶餘之別種唐薛仁貴既破高麗於金山遂拔扶餘扶餘川中四十餘城皆望風請服是其進兵先從西鄙攻扶餘南蘇次第取之也高句驪既滅新羅百濟尚存百濟亡而新羅遂兼有二國之地迨北宋新羅亡時有裨將王姓叛而建國遂曰高麗是今之高麗不過襲高句驪故名耳其領土又有不同者高句驪立國於滿洲據有高麗之平安咸鏡二道若高麗乃建國於朝鮮半島箕子所封朝鮮在今盛京南部一帶三韓故基則分有今高麗全壤故高麗亦名朝鮮又稱韓國是吉林疆域在晉爲夫餘挹婁高句驪沃沮北魏爲勿吉豆莫婁隋南爲白山粟末北爲伯咄安車骨東爲拂涅號室東北黑水窟說莫曳皆虞婁越喜鐵利等靺鞨地也

第四節　唐

唐開元以前爲靺鞨高麗及高麗既滅渤海遂興渤海本粟末靺鞨而附屬於高麗者姓大氏高麗滅率衆保挹婁之東牟山築城郭以居高麗逋殘稍歸之有乞乞仲象者與靺鞨酋乞四比羽及高麗餘種東走渡遼水保太白山之東北阻奧婁河自固武后封爲鎭國公其子祚榮併比羽之衆恃荒遠乃建國自號震國王地方五千里先天中爲渤海郡王以所統爲忽汗州自是始去靺鞨號專稱渤海天寶中徙上京直舊國三百里忽汗河之東建五京十五府六十二州新唐書北狄傳肅愼故地爲上京龍泉府領龍湖渤三州

上京之南爲中京曰顯德府領盧顯鐵湯榮興六州又東京龍原府濊貊故地一曰柵城府領慶鹽穆賀四州又沃沮故地爲南京曰海南府領沃晴椒三州扶餘故地爲扶餘府常屯勁兵捍契丹領扶仙二州拂涅故地爲東平府領伊蒙沱黑比五州率賓故地爲率賓府領華益建三州以涑州爲獨奏州以其近涑沫江蓋所謂粟末水也以鐵利州爲鐵利府其北曰黑水靺鞨舊唐書北狄傳開元十三年安東都護薛泰請於黑水靺鞨內置黑水軍續更以最大部落爲黑水府以其首領爲都督諸部刺史隸屬焉中國置長史就其部落監領之又新唐書北狄傳黑水東北又有思慕部益北行十日得郡利部東北行十日得窟說部亦號屈說稍東南行十日得莫曳皆部又有拂涅虞婁越喜鐵利等部其地南距渤北海東際於海西接室韋南北袤二千里東西千里拂涅鐵利虞婁越喜時時通中國而郡利屈說莫曳皆不能自通

按一統志渤海所置五京十五府六十一州多在吉林烏拉寧古塔及朝鮮界五京在吉林者四十五府在吉林者九其上京龍泉府所謂渤海王城實維挹婁故壤今寧古塔西大祚榮所居忽汗州據滿洲源流考爲今寧古塔呼爾哈河也呼爾哈河滙於寧古塔城西南一百里之畢爾騰湖湖廣五六里袤七十里許中有三山即所謂忽汗海也則忽汗州爲今牡丹江流域當爲敦化縣境中京顯德府據賈耽道里記自神州陸

行四百里至顯州又云自鴨綠江口東北行千二百餘里乃至顯州神州爲今奉天通化縣東境顯州距神州四百里當在今吉林府西南及伊通東南境遼史地理志謂渤海忽汗州即故平壤城也號中京顯德時太祖攻渤海拔其城以爲東丹王國又曰葺遼陽故城以渤海漢戶建東平郡遷東丹國民居之又曰東京魏時爲高麗平壤城遼東京本此唐於此置安東都護府攷安東都護府本在平壤上元三年徙遼東郡故城儀鳳中徙新城即今遼陽州治遼史據後徙之區猶指爲初置之所已相去五百里而以忽汗州爲平壤又以顯德府爲忽汗州並以上京中京合爲一區其誤甚矣東京龍原府濊貊故地、濊貊在漢屬樂浪郡即今朝鮮江源道等處是也、其所云大欽茂東南徙東京又云東南瀕海日本道攷南京南海府爲今琿春在上京之南率賓在上京東南又其東爲錫赫特山於上京爲東南兩面皆際海與日本相值想即渤海東京地也其鹽慶穆賀四州今已不可考南京南海府唐書云南海新羅道也又云沃沮故地沃沮即今圖們江北以迄今之咸鏡道等處以地考之則南京當爲今咸鏡道北界及琿春之地扶餘故地爲扶餘府遼史太祖平渤海次扶餘城有黃龍見於城上更名黃龍府其所屬扶仙二州扶州當因扶餘得名仙州後不復見通志以通州所屬扶餘縣即爲仙州但遼史屬龍州者八（龍州即黃龍府）爲長平富利佐慕肅愼永甯豐水扶羅永平等縣屬通州者七爲扶餘布多顯義鵠川强師新安漁谷等縣即指仙州爲扶餘未爲確也東平府爲拂涅故地新唐書北狄傳東北曰伯咄部又次曰安車骨部益東曰拂涅部安車骨部今阿勒楚喀及五常府境則拂涅部當在甯古塔三姓之間今甯古塔城西南八十里古城俗呼東京城亦曰佛訥和城即明佛訥和衛地與拂涅音近又在安車骨部東知爲甯古塔地無疑遼史以爲遼州始平軍地則在奉天以西其相去遠矣率賓府即今綏芬河金置率賓路節度使遼時爲率賓府置刺史本故率賓國地西北至上京一千五百七十里即今阿勒楚喀東北至呼爾哈一千一百里即今三姓西南至海蘭路一千二百里即今海蘭河以金史地望推之當在綏芬河率賓一作蘇濱明一統志作恤品其府路故基即今雙城子涑州爲獨奏州滿洲源流考謂獨奏猶言直隸不轄於府事得專達也其地近涑沫江蓋所論粟末水也唐以前所謂粟末水自長白山至今伯都訥而止故烏拉城爲粟末水今烏拉西北數里有土城土人呼曰高麗城當時高麗曾附屬靺鞨所謂涑州即此也鐵利府據契丹國志在臨潢正東北五十餘里其國西南與靺鞨接界新唐書北狄傳黑水稍東南行十日得莫曳皆部又有拂涅虞婁越喜鐵利等部是鐵利尚在拂涅北部至云西南與靺鞨接以唐書考之靺鞨七部全境粟末并其西南黑水據其東北則鐵利在墨水境内鐵利即鐵驪亦曰勃利

今依力嗄對岸屬俄之伯力即鐵利也黑水靺鞨據舊唐書北狄傳黑水靺鞨最處北方尤稱勁健又稱室建河東合那河忽汗河又東貫黑水靺鞨故靺鞨跨水有南北部以地望診之南部在混同江南烏蘇里江左右之地爲甯古塔東境北部在江北費雅喀奇勒爾之地爲三姓東北境至開元十三年安東都護薛泰請於黑水靺鞨內置黑水軍續更以最大部落爲黑水府則自混同江烏蘇里江三姓以下並索倫河皆黑水部矣其西北思慕部益北行得郡利部應在黑龍江外窟說部與庫葉同音當爲今之庫頁島莫曳皆部應爲今奇雅喀喇人等其拂涅虞婁越喜鐵利等部虞婁越喜今無可考曹氏謂爲挹婁故地其道里相去遠矣是唐時西北爲高麗後爲渤海涑州東爲上京及率賓府東南爲南京東北爲東平府西南爲中京西北爲扶餘府極東北爲黑水靺鞨

第五節　遼

契丹立國分五京爲五道其下有若干州軍縣其在吉林地者則爲上京之東南東京之東北及女眞五國等部其繫於上京者則有長春州遼史地理志長春州韶陽軍下節度本鴨子河春獵之地興宗重熙八年置隸延慶宮兵事屬東北統軍司統縣一東京則有通州黃龍府甯江州率賓府輝發女眞諸部是也遼史地理志通州安遠軍節度本扶餘

國王城渤海號扶餘城太祖改龍州聖宗更今名保寧四年升節度統縣四龍州黄龍府本渤海扶餘府太祖平渤海還至此崩有黄龍見更名開泰九年遷城於東北以宗州檀州漢戶一千復置統州五縣三甯江州混同軍觀察清甯中置初防禦後升兵事屬東北統軍司統縣一率賓府遼史營衛志率賓府刺史故率賓國地輝發部大金國志自咸州東北分界入山谷至涑沫江中間所居之女眞隸咸州兵馬司謂之輝發部長白山部博羅滿達勒部又兵衛志遼屬國可紀者五十有九朝貢無常有事則遣使徵兵或下詔專征不從者討之助軍衆寡各從其便無常額鐵驪靺鞨兀惹北女直輝發原回跋女直皆不輕用之所以長世女眞契丹國志女眞世居混同江之東山其地乃肅愼故區也地方數千里戶口萬餘無大君長立首領分主部落饒山林契丹於長春路置東北統軍司黄龍府置兵馬都部署司咸州置詳袞司分隸之文獻通考四裔考女眞蓋古肅愼氏世居混同江之東長白山下鴨綠水之源南鄰高麗北接室韋西界渤海鐵甸東瀕海後漢謂之挹婁元魏謂之勿吉隋唐謂之靺鞨姓拏氏隋開皇時曾入貢其族分六部有黑水部即今女眞契丹目之曰慮眞阿保機慮其爲患誘遷豪右數千家於遼陽而著籍焉分其勢使不得與本國相通謂之合蘇館合蘇館者熟女眞也又曰黄頭女眞自咸州東北分界入谷口至涑沫江中間所居者以隸咸州兵馬司與其國往來無禁謂之回覇回覇者

非熟女眞亦非生女眞也自涑沫江之北甯江之東地方千餘里戶十餘萬無大君長亦無國名自推豪俠爲酋渠小者千戶大者數千戶則謂之生女眞僻處契丹東北隅又遼聖宗紀太平元年東京留守奏女眞三十部部長請各以其子詣闕祗候詔以其父俱來受約又道宗紀咸雍五年五國博和哩部叛命蕭索諷討之十二月五國來降

按遼置郡縣僅及松花江左右故其上京東京大都在伯都訥長春農安烏拉等處其東北兩而諸部非羈縻即僑置耳遼史太平四年改鴨子河爲混同江塔魯河爲長春河而營衛志謂鴨子河在長春州東北三十五里通鑑輯覽長春州爲郭爾羅斯前旗地今之長春即割郭爾羅斯前旗設治也黃龍府與通州均爲扶餘故地通州先名龍州又改扶餘府爲黃龍府屬龍州太祖平渤海次扶餘城有黃龍見於城上更名黃龍府黃龍府屬縣有八通州縣屬有七（見前此言通州統縣四想彼時或沿或併無定制耳）然遼史既言改扶餘府爲龍州又言改龍州爲通州則通州與龍州似屬一處至開泰九年遷城於東北改扶餘府爲黃龍府始分爲二也扶餘城爲今長春東北境則黃龍通州應在今伯都訥長春之間甯江州今伯都訥城東南石頭城子是也金之破遼首得甯江得勝陀碑尚在石頭城北確有可證至五京之外如率賓府者則仍渤海之舊名而與五京異也遼滅渤海後即率賓故地置率賓府以東境疆域之廣闊僅設一率賓府以鎮之蓋其專

用兵北部而無暇東顧也北極黑水其地多自爲部落叛服無常其最著者以五國部完顏部五國部遼史地理志聖宗時來附命居本土以鎮東北境屬黃龍府都部置司五國者博和哩國博諾國、鄂羅木國、伊埒圖國伊埒濟國今三姓爲五國頭城是也其自三姓以下至烏蘇里江左右則有烏舍部伯哩部鐵驪等部落其完顏部據金史有特克新特布水完顏部舍音水完顏部音德爾水完顏部瑪奇嶺赫伯村完顏部札蘭完顏部金祖所居有海古勒完顏部其部落毗連無可詳考惟舍音水爲今三音訥殷地札蘭即琿春以東入海之雅蘭河其在吉林西北若達羅克部富察部博都里部費摩部瓜爾佳部珠嘉部珠格部烏蘇展部則在今伯都訥伊通五常等處圖們水有溫特赫部烏庫哩部長白山北之赫舍哩部伊勒呼嶺布薩部海蘭水有烏淩阿部其溫都部齊達勒部沃稜部則在寗古塔間舍國部戚準部哲爾德部當在琿春敦化之交其餘如沃埒部尼瑪哈部矩威水部布古德部納哈塔部伊勒敦部阿克占部錫默部星羅棋布各據一隅時叛時服無可稽考是遼之時吉林全境西北爲東京之通州黃龍府西爲上京之長春州南爲長白山部西南爲輝發部東南爲博羅滿達勒部東北爲女眞烏舍鐵驪靺鞨等部也

第六節　金

女眞之先本出於靺鞨始附屬於高句驪五代時附屬於契丹初爲完顏女眞部崛起於圖們江流域金太祖實錄云遼以鑌鐵爲號取其堅也鑌鐵雖堅終有損壞惟金一色最爲眞寶金之色白完顏色尙白況所居按出虎水之上於是國號金其建置仿於遼設五京復增一京爲六分十九路滿洲共設九路上京路金史地理志上京路即海古勒之地金之舊土也天眷元年號上京海陵遷都於燕削上京之號止稱會寗府大定十三年復爲上京其山有長白青嶺瑪奇嶺溫都爾水有阿勒楚喀混同江拉林松阿哩鴨子河會寗府金史地理志會寗府下初爲會寗太宗以建都升爲府天眷元年置上京留守司以留守帶本府尹兼本路兵馬都總管後置上京海蘭等路提刑司東至呼爾哈路六百三十里西至肇州五百五十里北至扶餘路七百里東南至率賓路一千六百里至海蘭路一千八百里縣三海蘭路金史地理志海蘭路設總管府貞元元年改總管爲尹仍兼本路兵馬都總管承安三年設兵馬司副總管有伊勒呼水西北至上京八百里東南至高麗界五百里又率賓路節度使遼時爲率賓府置刺史本率賓故地太宗天會二年以札蘭路都貝勒所居地瘠遂遷於此以海陵罷萬戶置節度使因名率賓路節度使西北至上京一千五百七十里東北至呼爾哈一千一百里西南至海蘭一千二百里北至邊界幹罕阿林千戶二千里恤品河流經建州東南一千五百里入於海又呼爾哈路國初置

萬戶海陵例罷萬戶乃改置節度使西至上京六百三十里北至邊界哈喇巴圖千戶一千五百里又肇州下防禦使舊珠赫店也天會八年以太祖兵勝遼肇基王迹於此遂建爲州天眷元年置防禦使隸會甯府海陵時嘗爲濟州支郡承安三年復以爲太祖神武隆興之地升爲節鎭軍又隆州下利涉軍節度使古扶餘之地遼太祖時有黃龍見遂名黃龍府天眷三年改爲濟州以太祖來攻城大軍徑涉不假舟楫之祥也置利涉軍貞祐初升爲隆安府又泰州德昌郡節度使遼時本契丹二十部族牧地海陵正隆間置德昌郡隸上京大定二十五年罷之承安二年復置於長春縣以舊泰州爲金安縣隸焉又長春縣遼長春州韶陽軍天德二年降爲縣隸肇州承安三年來屬有達嚕噶河鴨子河必埒布泉又咸平路金史咸平路領府一曰咸平當在今開元縣境其所屬有歸仁玉山二縣金史地理志歸仁縣遼舊隸通州安遠軍本渤海强師縣遼更名金因之北有細河又玉山縣章宗承安三年以穆蘇集平郭林河之間相去六百餘里之地置貞祐二年四月升爲節鎭軍曰鎭安

按上京路爲海古勒之地金史獻祖徙居海古勒水始有棟宇之制遂定居於阿勒楚喀之側今阿勒楚喀城東北二十餘里有海古水即海古勒也俗稱爲大海溝小海溝合流入阿勒楚喀河今阿勒楚喀城南四里有白城即上京會甯府地據松漠紀聞徐

夢華北盟會編許亢宗奉使行程錄以道里計之毫無疑義徐云近闕去繳蓋有岡埠圍繞高丈餘皇城也城中有一小城基址疑係當年之禁城方約二里南面有土阜對峙其高阜數層皆在子城想即當年宮殿遺址也海蘭路在今延吉海蘭之流域所云西北至上京一千八百里東南至高麗界五百里者據朝鮮史云遼金與高麗舊界在今咸興府南之定平府咸州等九城乃高麗所築尋即撤還所謂九城者即今之慶源鏡城富寗會寗鍾城與京穩城等府終金之世圖們江南岸之九城不能爲高麗有故史云西北至上京一千八百里東北至高麗界五百里由今之海蘭河計之北至阿勒楚喀城南渡圖們江而至朝鮮之定平道里適相符合率賓路爲渤海率賓故地今之綏芬河也其疆域與唐大略相同所云札蘭率賓相去千里札蘭或云即海蘭一作耶懶又作阿懶金史高麗傳所謂耶懶以南者當即指此惟海蘭河在甯古塔城南四百一十里相距並無千里通志謂綏芬河以東千里許入海之水有雅蘭河相去適符千里之數庶幾近之呼爾哈路以河得名即瑚爾哈河瑚爾哈初稱虎爾哈又譌和羅噶故改里自甯古塔以下至三姓混同江岸皆呼爾哈路也北至邊界哈喇巴圖千戶一千五百里其部落雖無可攷然自甯古塔至混同江六百餘里過江九百里當在索穆河以北所謂邊界是也肇州據金史上京會甯府西至肇州五百五十里以地望診之

當在今伯都訥史言隆州有納爾琿河河爲伯都訥舊名在金爲肇州嘗爲濟州支郡故以屬之舊珠赫店即出河店也金史太祖與遼將都統蕭嘉里副都統托卜嘉將步騎十萬會於鴨子河北太祖自將擊之黎明及河遂登岸與遼兵遇於珠赫店今伯都訥遜札堡站東北十餘里珠赫城俗呼朱家城子即此地也隆州本龍安府明一統志龍安一禿河在三萬衛西北金山全遼志龍安城在一禿河西金山東冊說城周七里門四旁有塔亦名農安今吉林西北二百八十里農安縣在伊通河西二里城基與冊說合西門外半里有農安龍塔知農安安即隆州也泰州德昌郡所謂舊泰州金安縣其地無可考新泰州置於長春則金安當去長春不遠至云契丹二十部族牧地即今科爾沁左翼前旗及郭爾羅斯地也長春縣遼史地理志長春州韶陽軍本鴨子河春臘之地興宗重熙八年置又遼史上京有他魯河金史長春縣有撻魯古河遼聖宗四年正月如鴨子河二月己未臘撻魯河詔改鴨子河爲混同江撻魯河曰長春河金史收國元年太祖自將攻黃龍府進臨益州州人走保黃龍留羅索尼楚赫守黃龍上自率兵趨撻魯噶城時遼天祚帝率藩漢兵十餘萬出長春路太祖乘其未陣三面擊之天祚大敗退保長春乘勝遂克黃龍撻魯噶城即遼之長春州金復置爲泰州德昌郡即長春縣治所在也以泰州北至邊四百里推之金與遼皆北至臚朐河爲極止所謂

北至邊即艫朐河也至肇州三百五十里今自長春至遜扎堡站東北之珠赫城道里相符咸平府遼時爲咸州東北分界入山谷至粟末江中間所居之女眞隷咸州兵馬司與其國往來無禁謂之輝發金史咸平有梅赫河雅哈河梅赫河則入輝發河雅哈河則入赫爾蘇河赫爾蘇河即遼河也出奉天圍場經赫爾蘇邊門入昌圖境與西遼河合南流入奉天開原界咸平所屬歸仁玉山二縣皆在今伊通州境元史金主遣宣撫萬努領軍四十萬攻璢格逆戰於歸仁縣北河上金兵大潰萬努收散卒奔遼東縣北河即伊通河也遼志開原北第三站曰歸仁站當即歸仁縣境玉山縣史謂以穆蘇集平郭林河之間相去六百餘里之地置考穆書河爲今伊通州境東北之河自開原至其地尙不出六百里之內則兩縣應均在伊通州左右無疑是吉林在金時南爲上京海蘭路東南爲率賓路東北爲呼爾哈路北爲肇州會甯府西北爲隆州及東京之泰州西爲東京咸平路屬之歸仁玉山二縣

第七節　元

元滅金後世祖奄有中夏建國號曰大元以京畿爲中書省分其領土爲十一行中書省置總管府滿洲爲遼東行中書省設治遼陽分轄各路吉林則爲開元咸平海蘭府碩達勒達等路及肇州地開元路元史地理志開元路古肅愼之地隋唐曰黑水靺鞨唐以其

地爲燕州置黑水府東瀕海南界高麗西北與契丹接壤即金鼻祖之部落也太祖阿古達既滅遼即上京設都海陵遷都於燕京改爲會甯府金末其將布希萬努據遼東元初癸巳歲出師伐之生擒萬努師至開元率賓東土悉平開元之名治見於此乙未歲立開元南京二萬戶府治黃龍府至元四年更遼東路總管府二十三年改爲開元路領咸平府後割咸平爲散府俱隸遼東道宣慰司元一統志開元路南鎮長白之山北侵鯨川之海三京故國五國舊城亦東北一大都會也咸平府元史地理志遼平渤海以其地多險隘建城以居流民號咸州金升咸平領縣六兵亂皆廢元初因之隸開元路後復割出隸遼東宣慰司元一統志遼河從咸平府界流經瀋陽西北達廣甯路境海蘭路元史地理志海蘭路碩達勒達等路土地廣闊人民散居元初設軍民萬戶府五鎮撫北邊一曰屯一曰呼爾哈一曰烏圖里一曰托果琳一曰布苦江各有司存分領混同江南北之地其居民皆達勒達女眞人各仍舊俗無市井城郭逐水草爲居射獵爲業故設官牧民隨俗而治有海蘭府碩達勒達等各相統攝焉續通志合蘭府碩達勒達等路金扶餘海蘭率瓊和羅噶等路及肇隆信三州地也肇州元史地理志至元三十年以納延故地曰阿巴拉呼者產魚以伊斯琿哈喇納蘇濟奇爾濟蘇三部人居之名其城曰肇州元史兵志肇州屯萬戶府元貞元年以納延布拉噶齊及打魚碩達勒達等戶於肇州旁近地開耕

按元自成吉思汗首略中央亞細亞初建都名曰和林格倫至太宗始滅金世祖建國兵威所及至於歐洲其疆域之廣甲於前代以東三省之大僅設一遼陽中書省以吉林之大僅設開元海蘭兩路可謂節疏目闊毫無建置矣開元路據元史云唐以其地爲燕州置黑水府唐之黑水在今黑龍江地面又一統志三京故國五國舊城則自長白山至黑龍江沿江瀕海之地皆隸開元路矣史云乙未歲立開元南京萬戶府治黃龍府遼之黃龍府即金之隆州亦即農安境則移開元於農安已非黑水之地矣至元四年更遼東路總管府二十三年改爲開元路領咸平府是又移開元於今之開原縣明洪武改元爲原設開原衛即今開原縣非元初之開元也咸平府金時領縣六其在吉林僅歸仁玉山二縣疆域與金略同其東南斜抵鴨綠江接於高麗海蘭路與金之海蘭路同名異地金海蘭路在延吉海蘭河流域元時海蘭路之所治據滿洲源流考云海蘭路即設萬戶府於甯古塔之境又元史瑚爾哈路有瑚爾哈河並混同江又有海蘭河入於海則海蘭府當在今甯古塔境內矣然元之海蘭府與金代異處而海蘭路則固轄有金海蘭路之地也其軍民萬戶五今雖無可攷以史文分領混同江南北之地斷之知爲混同江近岸無疑一曰屯當即窩稽之名通志謂發源屯窩集之屯河應即其地呼爾哈路在今之三姓烏圖里疑即烏蘇里烏圖烏蘇譯音相似且在混同

江近岸當即是也至托杲琳布固江今已無可考矣肇州元史云大德二年撥扶餘路蠻軍三百戶屬肇州元一統志上京之北曰肇州攷上京之稱不一有渤海之上京有遼之上京有金之上京元時所稱之上京當仍金舊號在會甯府則肇州應在黑龍江呼蘭府地然以金史會甯府西至肇州五百五十里之文證之則又顯相牴觸通志謂在伯都訥境正在阿勒楚喀西五百里許與史文合知肇州不得在上京北也惟史文附注廣甯府無稽攷耳通志據孫子耕友流努兒干迻至肇州之文遂謂與甯古塔近不足據也

第八節　明

明至成祖時廢元之遼陽行中書省置定遼都營於遼陽後改爲遼東都指揮使司轄衞二十州二於今之黑龍江吉林二省置衞三百八十四所二十四明一統志女眞東瀕海西接烏良哈南鄰朝鮮北至努兒干北海自開原迤北因其部族建置都司一衞一百八十四所二十官其酋長爲都督都指揮指揮千百戶鎭撫等職給與印信俾仍舊俗各統其屬以時朝貢明史兵志羈縻衞所洪武永樂間邊外歸附者官其長爲都督都指揮指揮千百戶鎭撫等官賜以敕書印記設都司衞所又都司一努兒干都司明實錄永樂二年忽剌溫等處女眞野人頭目把剌答塔來朝置努兒干衞以把剌答塔阿剌孫等四人

吉林彙徵

爲指揮同知古驢等爲千戶所眞撫七年閏四月設努兒干都司明會典永樂二年女眞野人來朝其後悉境歸附九年始設努兒干都司

按明代置衛所皆自永樂始其城站地面計在吉林者二十九努兒干明一統志女眞北至努兒干北海正在今混同江兩岸爲費雅喀奇勒爾各都所居惟努兒干都司實錄謂七年設而會典云九年設按之努兒干永甯寺碑中所言當以九年爲是女眞有三種海西者爲海西女眞建州毛憐者爲建州女眞極東爲野人女眞會典所云女眞野人悉境歸附始設努兒干都司則努兒干當在今三姓柳邊紀畧謂在甯古塔或者努兒干都司移駐於甯古塔未可知也其衛計三百八十四在今吉林府境則有薩里衛塔山衛額伊瑚衛達喜穆魯衛蘇完河衛巴延衛烏拉衛穆陳衛布爾堪衛哈達衛伊罕河衛瑪延山衛齊努溫河衛伊努山衛阿濟衛訥穆河衛佛爾們河衛伊拉齊河衛呼蘭山衛阿魯河衛推屯河衛雅哈河衛烏爾堅山衛伊實衛恰庫街羅羅衛奇塔穆河衛赫通額河衛農額勒衛穆勤衛噶哈衛塔克題音衛哈爾費延衛尼馬瑚山衛伊屯河衛伊爾們河衛勒克山衛薩喇衛法河衛雅奇山衛烏蘇衛鄂山衛赫什赫河衛呼魯河衛富爾哈河衛薩爾達衛庫埒訥河衛康薩衛勒富河衛阿林衛松阿哩衛札哈衛穆蘇衛屯齊山衛賽音衛伯都訥則有三岔河衛賓州有肥河衛費克圖河衛

岳喜衛阿實衛五常有摩琳衛默倫河衛雙城有拉林河衛甯古塔境有窩集衛窩集左衛窩集右衛窩集後衛堅河衛沙蘭衛伊爾庫魯衛斐森衛穆陳衛薩爾滸衛窩集前衛穆倫河衛沃楞衛穆克圖哩山衛多林山衛海蘭城衛鄂古河衛塔拉衛烏蘇哩河衛們河衛穆瑚埒河衛呼爾哈河衛赫圖河衛富勒堅衛富倫河衛尼滿河衛費雅河衛額哷河衛噶穆河衛托罕河衛實爾固辰衛札津衛祐實哈哩衛錫璘衛蘇穆嚕河衛佛訥赫河衛呼勒山衛札穆圖衛穆當阿山衛克音河衛呼濟河衛拉拉山衛法勒圖河衛伊魯河衛布拉衛薩爾布衛布達衛興凱衛三姓有屯河衛穆勒肯山衛喜塔爾河衛克默爾河衛奇集河衛綽拉題山衛猷特哩衛福題希衛奇穆尼衛希禪衛額勒河衛弼勒古河衛實爾固辰衛和羅噶衛和爾邁衛和屯衛第拉衛瞻屯衛敦敦河衛斡賚城衛阿奇衛蒐里衛格根衛穆蘇衛海楚衛琿春有率賓江衛雙城衛塞珠倫衛穆霞河衛賡金河衛烏爾琿山衛額哲密河衛通墾山衛舒繙河衛密拉衛阿布達哩衛富色克摩衛布爾哈圖河衛錫璘衛瑚葉衛吉朗吉衛珠倫河衛舒爾哈衛愛丹衛哈瞻衛所二十四有窩集屯河所喀勒達所呼特亨所德里沃赫所阿實所鄂爾琿山所法坦河所窩集奎瑪所窩集沃勒齊所岳色所窩集堅河所索爾和綽河所窩集色勒所城站地面五十八喜嚕林城佛多和站伊罕河衛哈必蘇站富達里站武都

奇站博和弼站赫勒哩站們河地面薩哈地面尼滿河地面噶穆地面額圖密地面烏爾固辰地面錫伯河地面松阿哩地面奇集河地面伊津河地面伊屯河地面果坶亨河地面蘇穆嚕河地面穆倫河地面綏哈河地面納敏河地面布爾哈圖河地面塞珠倫河地面綏芬地面錫璘地面拉林口必興河口以上據吉林通志所載衛所地面城站關外建置略具於此攷明代疆域極於開原永樂時設努兒干都司以資控制而宣德中亦失哈以太監將數千之衆踔行萬里之外前後三次用兵東北勒碑而還其威棱所及可謂遠矣然各衛所鎮撫聽其自治不能臣服其人民徒擁虛名覊縻勿絕而已當景泰間建州衛指揮董山糾毛憐海西諸夷盜邊殺掠明遣都御史李秉靖等督師入搗其巢諸夷稍創猶能乞欵入貢至神宗時建州奴兒哈赤襲殺酋骨猛孛羅後邊吏不敢與較至三十四年建夷遂不復入貢擁衆要挾憑陵開原疆吏禁悸莫可如何各酋長因之輕視中國自此邊疆迄無寧日而各衛與明之關繫名存實亡一有觸發全局瓦解觀明代邊疆之僨事皆由於經營疏略以至於是也有國家者可以鑒矣

第九節　明季清初

前清先世發祥於長白山之東姓愛新覺羅氏名布庫里雍順是爲始祖定三姓之亂遂居俄漠惠之野俄朵里城建國號曰滿洲數傳至肇祖居瓜爾佳城舊名赫圖阿拉地又

數傳至太祖於明萬歷十四年取尼堪外蘭次年環境諸國多以次削平其時滿洲有蘇克素護河部渾河完顏部棟鄂部哲陳部等五部長白山二國有訥殷部鴨綠江部扈倫國有哈達部葉赫部輝發部烏拉部東海有窩集部瓦爾喀部庫爾喀部滿洲及長白山二國爲明之建州衛東海國爲野人衛扈倫爲海西衛前清開國方略太祖於萬歷十六年有蘇完部長索爾果率部衆來歸十九年收服鴨綠江部二十一年取珠舍哩部訥殷部二十三年攻輝發部多璧城二十五年平輝發國二十六年克烏拉宜罕城四十一年平烏拉國是年征葉赫降烏蘇城及葉赫所屬璋城吉當阿城雅哈城赫爾蘇城和敦城喀布齊賚城鄂吉岱城及屯寨凡十九處四十七年清天命四年滅葉赫國其東海窩集部瓦爾喀部之噶嘉路安楚拉庫路內河路於二十六年招降之三十五年征窩集部之赫席赫路鄂謨和魯蘇路佛納赫托克索路三十六年取窩集之呼爾哈路瑚葉路三十八年招降窩集部之那穆都魯路綏芬路甯古塔路尼馬察路三十九年取窩集之烏爾固宸及穆棱二路四十二年征窩集之雅蘭路錫琳路三十九年克呼爾哈部札庫塔城崇禎二年清天聰三年那堪泰路之呼爾哈人來歸命於甯古塔邊地駐牧崇禎十五年清崇德七年征松阿哩松江之呼爾哈部十屯人民俱降之此外有奇雅喀喇則天啟四年清天命九年招服也庫爾喀部崇禎元年清天聰二年來朝入貢也赫哲喀喇費雅喀奇勒爾至康熙十

年降服之其庫頁部及海中各島萬歷四十五年清天命四年遣兵於海邊諸部凡散處部衆悉收之其島居負險不服者悉小舟盡取之而還

按長白山之東布庫哩山下有池相傳爲天女浴躬處當時池畔有朱果吞之遂生子是爲清之始祖語涉荒誕飾詞附會亦襲姜嫄履跡之意也清之始祖體貌魁異適三姓人爭爲雄長日構兵亂推爲國主乃定居俄朶里城一作鄂多哩城又作額多力城亦作阿克敦城今通呼敖東城在敦化縣越數世以不善撫其衆國人叛戕害宗族有幼子名范察者逃於野幸得免至肇祖慨然恢復爲志誅先讐之後以搜舊業距俄朶里城西一千五百餘里即今奉天蘇克素河嘉哈河之閒太祖時環境諸部漸已削平國勢日盛乃招撫長白山鴨綠江路盡收其衆萬歷二十一年葉赫哈達烏拉輝發科爾沁錫伯卦勒察珠舍哩訥音九部合兵三路來侵太祖自將擊敗之十月以珠舍哩部長助葉赫諸部來侵遂遣兵征克珠舍哩部獲其部長釋其罪遷以歸贍養之時殷訥部亦以兵助葉赫諸部至是聚七寨人據佛多和山寨而居閏十一月命額亦都安費揚古噶蓋率兵千人圍攻佛多和山寨三月乃下斬其部長戴穆色克什取訥音部二十三年因輝發貝勒拜音達哩前與葉赫諸部一再來侵太祖率兵攻之克其所屬之多璧城三十五年平輝發國輝發之先本姓伊克得哩黑龍江岸尼瑪察部人有星

第一章 沿革

古禮者自黑龍江載木主遷於札嚕居焉因呼倫國之噶揚阿圖諆圖二人居於璋地姓納喇欲附其姓殺七牛祭天改姓納喇是爲輝發始祖生子備臣備臣生納靈阿納靈阿生拉哈都督拉哈都督生噶哈禪都督噶哈禪都督生齊訥根達爾漢齊訥根達爾漢生旺吉努招服附近諸部築城於輝發河邊呼爾奇山號輝發國是時蒙古察哈爾國托薩克圖圖們汗自將圍其城不克而還旺吉努卒孫拜音達哩殺其叔七人自爲貝勒至是國亡輝發在遼東河傍即今奉天省先設後裁之輝發廳土人名其城曰輝發城三十六年太祖命褚英同舒爾哈齊之長子阿敏率兵五千征烏拉宜罕山城克之先是葉赫合九部兵來侵烏拉貝勒滿泰村弟布占泰爲清兵所擒釋還歸國時滿泰仕所屬蘇斡延錫蘭地脩築邊濠淫村中婦其夫夜入殺布占泰歸遂主其國與清脩好後復背盟並侵所屬窩集部之呼爾哈路四十年太祖親征之克其臨河五城又取金州城次年先取遜札塔城進克郭多鄂諆二城翼日布占泰率兵三萬越富勒哈城清兵擊之布占泰遁投葉赫遂平烏拉國烏拉之先以呼倫爲國號姓納喇與哈達國同以納齊布祿爲始祖納齊布祿四傳都爾機都爾機生子二長克什納都督次古對珠延古對珠延生泰萬泰萬生布延布延收服附近諸部築城於烏拉河岸洪尼地國號烏拉自稱爲貝勒生子二長布罕次博克多三十五年爲清貝勒代善陣斬布延卒子布罕

繼之布羍卒子滿泰繼之至滿泰弟布占泰國乃亡烏拉在今省西北七十里松花江上之烏拉街舊有宜羍山城伊羍河出焉是年秋七月清太祖因布占泰投葉赫遣使語葉赫貝勒錦台什布揚古令執布占泰以獻使者三往不從太祖率兵四萬征之降烏蘇城盡焚具赫所屬璋城吉當阿城雅哈城赫爾蘇城和敦城喀布齊賚城鄂吉岱城及屯寨凡十九處葉赫遣人訴於明曰哈達輝發烏拉三國滿洲已盡取之今復侵我其意即欲侵明取遼東以建國都使開原鐵嶺爲牧島之場矣明遣游擊馬時楠周大岐等率千人爲葉赫守衛東西二城四十七年命代善率兵五千守札喀關以防明兵親統軍征之自克依特城尼雅羍寨盡取葉赫所屬蒙古游牧畜產整兵而還離葉赫城六十里駐之葉赫遣使向明開原總兵馬林告急馬林率兵助之至葉赫城四十里見清兵甚壯不戰而退八月滅葉赫國葉赫之先蒙古國人姓土默特滅呼倫國所居璋地之納喇部遂據其地因姓納喇後遷於葉赫河岸建國故號葉赫國其始祖星根達爾漢生錫爾克明安圖錫爾克明安圖生齊爾噶尼齊爾噶尼生楚孔格楚孔格生台楚台楚生二子長青嘉努次揚吉努兄弟綏服葉赫諸部各居一城哈達國人多歸之青嘉努揚吉努遂皆稱貝勒歲甲申明甯遠伯李成梁受哈達國所賂金及黑孤紫貂聽讒搆以賜敕賞賚爲名誘青嘉努揚吉努兩貝勒至開原並從兵三白皆殺之

青嘉努子布齋揚吉努子納林布祿各繼其父爲貝勒李成梁率兵取其杜喀尼雅罕二寨戊子年又率兵圍攻納林布祿所居東城大傷兵卒不克而歸乃與和好焉納林布祿弟錦台什布齋子布揚古嗣爲貝勒分居東西城至是葉赫遂滅葉赫今爲赫爾蘇邊門內之葉赫站在今省西四百九十五里明於此置鎮所謂北關是也扈倫四部葉赫烏拉輝發皆在吉林惟哈達在奉天海龍府境明代疆域極於開原葉赫偪在開原於此設關開通互市故以哈達爲南關葉赫爲北關也東海瓦爾喀部先是烏拉布占泰歸主其國以滿洲所屬瓦爾喀部安楚拉庫路內河路衆所推服之三人送葉赫引其使人招誘安楚拉庫路內河路清遣費英東初征瓦爾喀部取噶嘉路殺部長何球降其衆二十六年以安楚拉庫路舊屬瓦爾喀部復命統兵一千征之取屯寨二十餘招降萬餘人而還天聰九年十月復征瓦爾喀分八旗爲四路兩旗合進一路兩黃旗進兵之地曰額赫庫倫曰額勒約索兩藍旂進兵之地曰阿庫里曰尼滿兩白旗進兵之地曰阿羅曰諾萬崇德二年七月征瓦爾喀兩紅旗一路率綏芬雅蘭瑚葉烏爾吉壯丁兩藍旗一路率額赫庫倫額勒以東寨木克勒以西壯丁崇德五年征瓦爾喀輝克地方朱吉喇來朝是十地屬瓦爾喀部之證也瓦爾喀部沿瓦爾喀河入鴨綠江瀕海兩岸在興京南近朝鮮沿鴨綠圖們兩江之間及諸海島窩集部之赫席路以附

吉林彙徵

烏拉清遣人招降不從三十五年命貝勒巴雅喇巴圖魯額亦都札爾固齊費英東侍衛扈爾漢率兵千人征窩集部取赫席赫路鄂謨和蘇嚕路佛納赫托克索路鄂謨和蘇嚕路即今額默和索羅站佛納赫托克索路今佛多和河在額默和北三十六年呼爾哈路侵甯古塔城清駐防薩齊庫路兵擊敗之生擒人馬鎧匹餘衆悉降既而降人有逃至窩集部之瑚葉路者次年命扈爾漢率兵千人征瑚葉路取之瑚葉路在興凱湖東之瑚葉河西北入烏蘇里江路以河得名綏芬路歸附後其路長圖楞爲窩集部之雅蘭路人所掠明年清遣額亦都率兵往窩集部之那木都祿綏芬甯古塔尼瑪察四路招其路長來歸額亦都旋師至雅蘭路並擊取之綏芬路即綏芬河也烏爾固辰路先是窩集部來歸路長僧額尼喀哩二人以太祖所賜甲四十副置綏芬地爲烏爾固辰穆稜二路兵掠去遣呼爾哈部長諭歸還所掠弗從乃命阿巴泰等征烏爾固辰穆稜二路烏爾固辰即庫爾布新河在興凱湖東北穆稜路即穆稜河均入烏蘇里江雅蘭路四十二年因雅蘭路掠綏芬路長至是征之降雅蘭錫琳二路雅蘭路即雅蘭河出錫赫特山南行入海呼海爾哈路札庫塔人來降既又貪烏拉國布匹受其貝勒招撫三十九年額亦都等率兵克之那堪泰路之呼爾哈人來歸命於甯古塔邊地駐牧崇德七年清命沙爾琥達等率兵征松阿哩江之呼爾哈部十屯沙爾琥達等遣人

還奏喀爾喀木遮克特庫塔圖庫福提布鄂爾琿斡齊奇庫巴察拉額提奇薩里尼葉爾伯十屯人民俱已招降則十屯人與札庫塔城那堪泰路均爲呼爾哈屬也呼爾哈路據開國方畧云天聰二年長白山迤東濱海呼爾哈部頭目來朝則呼爾哈當仍是牡丹江沿岸處也奇雅喀喇音達琿路塔庫喇喇諾羅路錫拉忻路滿洲源流考云自甯古塔東行千餘里在烏拉哩江兩岸者曰穆倫穆倫又東二百餘里住尼滿河源者曰奇雅喀喇一曰恰喀拉恰喀拉散處於琿春沿東東海及富沁岳色等河是也其音達琿三路則天命元年九月招服之音達琿即今音達穆河塔庫即達卜庫屯喇喇今拉哈蘇蘇此合三地爲一路也諾羅路即諾羅河今稱撓力河錫拉忻路今奇納林河均奇雅喀喇所屬也庫爾喀部文獻通考云琿春河左右皆庫雅喇人等所居滿洲源流考謂在圖們江北岸與朝鮮慶遠相對赫哲喀喇費雅喀奇勒爾部會典圖說三姓東北海內外地皆諸部所居也赫哲喀喇康熙十年世祖諭甯古塔將軍巴海曰飛雅喀赫哲雖已降服然其性暴戾當善爲防之以是知赫哲諸部至康熙時始征服也赫哲一作赫錦亦作赫眞又作黑津所稱薙髮黑津是也又有額登喀喇則爲不薙髮黑斤通稱曰黑哲今自烏蘇里江以下阿吉以上土人呼曰短毛子其人皆薙髮自阿吉以下至黑勒爾以上土人呼曰長毛子其人皆不薙髮能以舟行氷上駕以犬所謂使

犬國也赫哲又東北行七八百里曰費雅喀一作飛牙喀俗與額登喀喇同今自黑勒爾以下至東北海口合奇勒爾俄倫春二族凡居江沿者皆稱濟勒密即費雅喀也奇勒爾一作欺勒爾今自索倫以南松花江以北凡游處山林者皆曰奇勒爾部庫葉部古爲女國亦名毛人國明稱苦兀今稱庫頁皆莫曳轉音魏源云庫頁部海島廣袤埒臺灣近混同江口其島雜有赫哲費雅喀鄂倫春之人而庫頁爲大雖一洲島幅員千里爲混同江口一大護沙其間打牲部落曰庫頁曰費雅喀曰俄倫春歲時貢貂皮於吉林環庫葉之島大小數十若東海沃新楚魯峰島圖勒庫島雅普格哩島及海內天然八島所謂島居負險不服者乘小舟盡取之當即指庫葉並諸小島也至是吉林全境咸隸版圖自康熙二十八年討羅刹後邊患亦少息矣

第二章　疆域

第一節　幅員

吉林極幽燕之東北控遼瀋之上游襟帶江山表裏華甸峨峨高原地跨形勝幅幀寥廓實爲邊陲重要之區由省城計里核算東至密山之松阿察河與俄之東海濱省分界之亦字界牌一千八百餘里南至濛江之湯河口與奉天撫松縣交界五百餘里西至伊通外之威遠堡邊門與奉天開原縣交界五百六十餘里北至濱江之松花江與龍江呼蘭

縣交界六百餘里東南至琿春與俄分界之土字界牌一千二百餘里東北至綏遠縣之烏蘇里江混同江黑龍江三江交匯與俄分界之耶字界牌二千五百餘里西南至磐石與奉天海龍縣交界四百餘里西北至農安與郭爾羅斯前旂交界五百餘里計吉林統部東西二千四百餘里南北一千五百餘里

第二節　地方行政區域

吉長道道尹轄境

按清光緒三十三年設置原名長春兵備道宣統二年改西南路分巡兵備道兼管長春關稅及商埠交涉事宜加參領銜民國二年改西南路觀察使三年改吉長道道尹駐長春屬縣十一曰吉林長春伊通濛江農安長嶺樺甸磐石舒蘭德惠雙陽

吉林縣

舊名船廠北魏靺鞨粟末部唐渤海爲涑州遼金屬甯江州明季屬扈倫之烏拉部清康熙十五年移甯古塔將軍於吉林遂爲省城雍正四年設永吉州隸奉天府尹乾隆十二年改理事同知光緒八年升爲府民國二年改爲縣（各府廳州均於民國二年改縣後倣此）設經歷一員今裁省城在京東二千三百里東界敦化西界雙陽南界樺甸北界舒蘭

長春縣

舊名寬城子原屬上京路金承安二年移泰州於長春縣元屬開元路清嘉慶五年借郭爾羅斯前旂地置長春理事通判名長春廳設治於新立屯距今縣治五十里道光五年移住寬城子光緒八年改撫民通判並增設農安分防照磨十五年移農安照磨駐靠山屯十六年又移駐治東北九十里朱家城子十五年升爲府今改縣設經歷一員今裁省西南三百四十里東界吉林西界奉天之懷德南界伊通北界德惠

伊通縣

地名伊通河又作伊圖河伊屯河史名一禿河皆伊通之轉音治在上游金咸平路明爲伊屯河衛地後爲扈倫族之葉赫部清嘉慶十九年設伊通分防巡檢光緒八年升爲州又於州迤北九十五里赫爾蘇邊門設分防州同今改爲佐治員宣統元年升伊通州爲直隸州今改縣設吏目一員今裁省西南二百八十里東界磐石西界蒙古之郭爾羅斯前旗南界奉天之西豐北界長春

濛江縣

土各二道江因縣境有頭道江二道江設治在珠子河北岸濛江口故名江下流入頭道江爲松花江之正源濛江滿語爲恰庫金爲舍音完顏部明季屬訥殷部清光緒三十四年增設濛江州今改縣省南三百六十里東界奉天之撫松西界奉天之輝南通

化南界泰天之臨江北界樺甸

農安縣

因縣旁有龍安塔音譌爲農安土人又訛爲龍灣故名塔建於遼聖宗時在今縣西北數里唐爲渤海之扶餘府遼太祖平渤海至此有黃龍見於城上更名黃龍府金太祖改爲濟州後改爲隆州又改爲隆安元初立南京萬戶府治黃龍府至元間更遼東路總管府改爲開元路即置開元路總管於此明爲伊屯河衛旁境清光緒八年借蒙古郭爾羅斯前旂地設分防照磨屬長春十五年改爲縣設巡檢一員今裁省西北三百六十里東界楡樹西界長嶺南界長春扶餘北界長嶺及郭爾羅斯前旂

長嶺縣

地名長嶺子新唐書渤海國長嶺瑕領府河二州滿洲源流攷河州在黃龍府北有河流入松花江當即此地又縣治北四十六里有古城疑係長嶺府故址元屬開元路明爲伊屯河衛旁境滿語果勒敏珠敦果勒敏長也珠敦嶺也清光緒三十四年由農安及續放荒地分設縣治今仍之又縣南新安鎭於光緒三十年設分防主簿今改名新安佐治員省西五百二十里東界農安西界蒙古邦爾羅斯之前旂南界奉天之奉化北界扶餘

樺甸縣

原名樺皮甸子故名原勘縣治在樺樹林子因其地人烟稀少境移駐官街金爲赫舍哩部明爲法河衛之東境明季屬白山國之訥音部清初概屬封禁地光緒三十四年析吉林磐石敦化地增設縣省東南二百七十里東界敦化及奉天之安圖西界磐石南界延吉北界吉林長春

磐石縣

因縣治北山有石如磨盤故名磨盤山金爲尼瑪察部明爲扈倫之輝發部清初南境屬奉天今海龍縣之圍場光緒八年設伊通分防巡檢十三年裁設分防州同二十八年因於永安屯改設縣設巡檢一員今裁省西南二百里東界濛江西界伊通南界樺甸及奉天之海龍北界吉林長春

舒蘭縣

以其地有舒蘭河站爲省北台站之一土名朝陽川滿語舒蘭果實也境內本屬前清貢山爲采貢小山紅梨山櫨之地明屬阿林衛清宣統二年析吉林府北界增設縣省北一百八十里東界五常西界磐石南界吉林北界德惠

德惠縣

地名大房身子在長春西北二百二十里舊屬長春清宣統二年由長春之沐德懷惠二鄉及東夾荒地增設縣省西北三百六十里東界松花江沿西界伊通河南界長春北界伊通河

雙陽縣

地名蘇斡延因境內有雙陽河故名蘇斡延滿語濁流也即蘇完河遼金爲甯江州旁境明爲依爾們衛蘇完河西與蒙古郭爾羅斯接壤清宣統二年析吉林西北地長春東地伊通北地增設縣省西一百九十里東界吉林西界伊通南界磐石北界吉林

濱江道道尹轄境

按清宣統元年設置原名濱江兵備道二年改西北路分巡兵備道兼管濱江關稅及商埠交涉事宜加參領銜民國二年改西北路觀察使三年改濱江道道尹駐哈爾濱屬縣八曰扶餘雙城賓縣五常榆樹濱江同賓阿城

扶餘縣

原名伯都訥又名那拉街爲省西台站之一又爲西通蒙部之邊驛有新站舊站清康熙時遣戍人悉在於此三十二年另建甎城於站南別於舊站因曰新城北魏菻鞨伯咄部遼爲達魯噶部隸北府節度金爲肇州元立屯田萬戶府仍爲肇州明初爲三岔

吉林彙徵

河衛後被蒙古科爾沁侵掠清廷撫定蒙部設伯都訥站於納爾渾之野始畫江爲界康熙三十三年設副都統宣統元年裁據吉林外紀云又有錫伯喀爾喀巴爾虎瓜爾察等佐領管理各旂戶後裁雍正四年設長寗縣隸奉天府尹乾隆元年裁併歸永吉州二年設州同十二年裁改設巡檢二十六年裁巡檢置理藩院蒙務主事以理蒙事嘉慶十六年裁改理事同知添設巡檢二員分駐伯都訥孤楡樹光緒八年廳治移駐孤楡樹改爲撫民同知三十二年升爲新城府還治伯都訥民國二年改縣三年因與直隸山東江西浙江貴州重複改名扶餘縣設府經歷一員今裁省西北六百里東界楡樹雙城西界松花江及郭爾羅斯前旂長嶺南界松花江農安北界松花江與嫩江合流處及郭爾羅斯後旂

雙城縣

本阿勒楚喀境許亢宗奉使行程錄渡拉林河至矩古貝勒寨達河寨布達寨皆在縣境因其地有雙陽堡亦名雙城子按雙城子有二一在綏芬河旁俄名尼格來司元史至正二十年遣軍淘金雙城明有雙城衛皆在綏芬河旁今屬俄之東海濱省之雙城子也雙城縣在金爲上京會寗府之西南境舊有二土城對峙故名明季爲拉林河衛後屬烏拉部清嘉慶十九年置協領隸阿勒楚喀副都統光緒八年設撫民通判宣統

元年升爲府今改縣設巡檢一員分防拉林城巡檢一員今併裁省北四百里東界賓縣西界扶餘南界榆樹北界松花江

賓縣

地名葦子溝松漠紀聞契丹徙翁舍展國於黃龍府南曰賓州又云自上京百五十里至拉林河百十里至賓州金上京即今阿城縣洪皓當日行程實由會甯向西行今賓縣治實在阿城東北地望適相差越金上京會甯府東境矩威部圖塔部女眞所居明爲費克圖河衛今蜚克圖站爲縣西與阿城交界地淸光緒六年築土城八年設撫民同知並設分防巡檢駐縣東南燒鍋甸子即今同賓縣治宣統元年升爲府今改縣設巡檢一員今裁省東北六百一十里東界方正同賓西界阿城雙城南界五常北界松花江

五常縣

因其地分仁義禮智信五區故名舊名五常堡距今縣治三十里北魏靺鞨安骨車部遼爲阿延女眞部各錫部長名號契丹國志稱爲東南五節度是也淸同治八年設協領於五常堡光緒六年於歡喜嶺旁另建土城八年設撫民同知宣統元年升爲府今改縣設巡檢一員又於光緒八年設山河屯分防府經歷藍彩橋設分防巡檢今併裁

省東北三百六十里東界同賓西界榆樹南界舒蘭北界賓縣

榆樹縣

地名孤榆樹故名北魏靺鞨伯咄部遼金賓州地明初爲三萬衛後爲三岔河衛終屬烏拉部清嘉慶年裁伯都訥蒙務主事分設巡檢二其一即設孤榆樹光緒八年改伯都訥理事同知爲撫民同知移駐於此而移分防巡檢於伯都訥光緒三十一年設新城府還治伯都訥此處設榆樹縣宣統元年升爲直隸廳今改縣設巡檢一員今裁省西北二百八十里東界五常西界扶餘松花江長春南界吉林北界雙城

濱江縣

本雙城府治設治時因土名哈爾濱其地緊傍松花江故名江左近郭爾羅斯後旂地蒙人以此地草甸平坦遙望如哈喇蒙語因稱爲哈喇賓土人又譌轉喇爲爾遂稱爲哈爾濱金爲上京會甯府西北地元屬達勒萬戶府明爲岳希衛阿實衛塊清宣統元年設分防廳今改縣設巡檢一員今裁省北五百六十里原轄傅家甸子四家子兩處地面不足十里嗣益以雙城阿城之地東界阿城西界俄暫租界之糧台南界秦家岡之鐵路旁北界松花江岸

同賓縣

地名燒鍋甸子又名瑪蜒河滿語瑪蜒肘也謂河流灣抱如人肘也因縣治東有大小長壽二河故名長壽縣金爲上京會甯府緬烏濟赫部明爲瑪蜒河衛清光緒八年設燒鍋甸子巡檢屬賓州二十八年改設縣民國三年改名同賓設典史一員先時設一面坡分防巡檢一員今併裁省東北八百六十里東界甯安方正西界雙城阿城南界五常北界賓縣

阿城縣

本阿勒楚喀水名即今阿什河金史所謂按出虎水是也爲完顏本部地金上京會甯府今縣迤南四里有古城土人名爲白城即此城也元屬碩達勒萬戶府明爲岳希衛阿實衛境清雍正四年置協領乾隆二十一年設副都統宣統元年裁增設縣省東北四百八十里東界賓縣西界濱江南界雙城北界黑龍江

延吉道尹轄境

按清宣統元年設置原名琿春兵備道二年改東南路分巡兵備道兼管延吉琿春等處關稅邊務加參領銜民國二年改東南路觀察使三年改延吉道道尹原駐琿春改駐延吉屬縣八曰延吉甯安東甯琿春敦化額穆汪清和龍

延吉縣

地名延吉岡又名南岡木琿春治烟集岡是也金置海蘭路總管府明爲錫璘衛布爾哈河愛丹衛清初爲南荒圍場後因境內韓民越墾衆多光緒二十八年設延吉撫民同知宣統元年升爲府今改縣省東南七百六十里東界汪清琿春西界敦化南界和龍及朝鮮北界汪清甯安

甯安縣

地名甯古塔滿語甯古塔六數也爲東方肅慎之故墟縣西南七十里有古城遺址四圍幾及四十里即洪皓松漠紀聞所謂肅愼城也北魏靺鞨拂涅部唐渤海大祚榮建國於忽汗稱上京龍泉府唐書渤海王都下臨忽汗今古城西南鏡泊湖是也遼爲天福城金置呼爾哈路萬戶元置呼爾哈軍民萬戶府明設奴兒干都指揮於此統治諸衛清順治十年設副都統於古城在今城西北五十里康熙五年築新城後改爲甯古塔將軍十五年將軍移駐吉林城仍置副都統於此雍正五年置泰寗縣屬奉天府尹旋裁光緒三十二年裁副都統僑置綏芬廳宣統元年移廳治於三岔口增設甯安府今改縣省東南八百里東界穆稜西界五常南界延吉北界依蘭

東甯縣

本綏芬廳嗣甯由古移塔廳署於三岔口因名東甯唐渤海爲率賓府金屬恤品路明

爲綏芬河地面率賓江衛清光緒三十三年設綏芬廳宣統二年改名東甯廳今改縣省東一千四百里東界俄國之五站西界甯安南界琿春北界額穆

琿春縣

滿洲語琿春邊地也金烏庫哩部穆宗本紀圖們琿春之交烏里部與率賓部起兵夫祖往攻之撫甯諸路是也明琿春衛密札衛清爲南荒圍場康熙五十三年設協領兼管捕獺牲丁光緒七年增設琿春副都統宣統元年裁設琿春廳管密江站以東之地今改縣省東南一千二百里東界圖們江西界延吉南界圖們江北界東甯

敦化縣

俗名敖東城又名阿克敦城土人相傳爲高麗故城敖東滿語本音作鄂多哩設治時舊名阿克敦故稱敦化渤海建州元置斡朶里萬戶府明初建州農額勒赫什赫河等衛後爲窩集部之赫席赫路縣東有布庫哩山山下有池相傳爲天女浴躬吞朱果誕生聖子之說至清景祖兄弟六人分居遂號甯古塔貝勒（滿語貝勒部長也）清爲額穆赫索羅佐領所轄光緒八年新築城於舊城迤二里增設縣設巡檢一員今裁省東南四百七十里東界延吉西界吉林南界樺甸北界額穆

額穆縣

即額穆赫索羅站爲省城東台站之一清祖始居鄂謨輝之野以額穆和湖得名額穆和即俄摩和變音滿語額穆赫水濱也索羅十人撥戍之所也元爲開元路海蘭路分張廣才嶺東西爲界嶺東爲海蘭路嶺西爲開元路明爲斡朶里衛禿屯河衛同稱窩集部清初設佐領管轄台站旂丁向屬敦化宣統二年析敦化甯安五常之地增設縣省東三百八十五里東界甯安西界五常南界敦化北界甯安

汪清縣

以縣治有大小旺清河故名滿語本音作旺欽堡壘也清初爲庫雅拉部鈕呼特氏居此爲世管佐領在今大坎子地方宣統二年析琿春延吉甯安增設縣原治在旺清河南岸之哈順站旋移治於距延吉九十里之百草溝省東一千零二十三里東界東甯琿春西界甯安南界延吉北界甯安

利龍縣

地名和龍峪又名大嶍子川爲㢡金衛明史永樂五年置㢡金等五衛㢡金河即㢡吉晉河今縣治西陰陽河是也清光緒十一年開放和龍峪光霽峪西步江三處爲中韓互市地韓民越墾日衆二十八年設和龍峪分防經歷屬延吉廳管圖們江越墾各地宣統二年改爲縣省東南八百里東界朝鮮之鍾城會甯等府界西界奉天之安圖南

界圖們江朝鮮之茂山府北界延吉

依蘭道道尹轄境

按清宣統元年設置原名依蘭兵備道二年改東北路分巡兵備道辦理邊務交涉兼管依蘭等處關稅加參領銜民國二年改東北路觀察使三年改依蘭道道尹駐依蘭屬縣十日依蘭同江密山虎林綏遠穆稜方正樺川富錦饒河（又依蘭道道尹所轄十縣外尚有寶清勃利臨湖三縣均係宣統元年奏准俟墾[illegible]斬闢人民日衆再行設治民國元年秋徇寶清民人之請暫設分防經歷屬同江二年改爲佐治員）

依蘭縣

地名三姓爲清始祖肇居之地史稱三姓擁兵奉以爲主即此地也（說見前沿革篇）滿語依蘭喀喇依蘭數之三也喀喇姓也今截取上二音故名一作茂山樹多也元史海蘭路設萬戶府五一曰屯明爲和屯衛又爲野人衛窩集部屬之和屯噶珊之野清康熙五十四年置協領雍正十年設副都統光緒三十二年裁副都統設依蘭府今改縣設經歷一員今裁省東北一千六百里東界樺川西界方正南界擬設治之勃利北界松花江江北即省之湯源縣

同江縣

地名拉哈蘇蘇黑斤語老屋之謂以其地當松黑兩江之匯口故名金爲黑水靺鞨明

季爲使犬部黑哲喀喇世族所居柳邊紀略所謂薙髮黑斤是也清光緒年編入旂籍黑哲即靺鞨之轉音今又變音爲黑斤渤海以後世爲靺鞨種族無疑光緒三十二年設臨江州宣統元年升爲臨江府民國二年改縣三年因與奉天省重複改名同江縣設巡檢一員今裁省東北千七百八十五里東界綏遠西界富錦南界饒河北界松花江東半渡江爲俄阿穆爾省西半渡江爲江省黑河道治

密山縣

地名蜂密山設治時部頒發印譌蜜作密遂仍之渤海湖州境明爲松阿察河地面清光緒三十四年設密山府今改縣省東北一千三百里東界虎林西界穆稜南界俄之都魯克（即快當壁）北界同江

虎林縣

地名呢嗎河呢嗎滿語山羊也因境右岸有七虎林河故名一名希呼林河明爲呢嗎河木倫河地面呢嗎河又爲尼滿河即奇雅喀喇部木倫河即今穆稜河清宣統元年設呢嗎廳分防同知嗣因呢嗎河皆在俄境遂改虎林廳今改縣省東一千九百里東界烏蘇里江右岸爲俄屬西南界密山北界饒河

綏遠縣

縣治在依力嘎山東北境内三面扼烏蘇里混同江之口唐渤海勃利州境金爲黑水靺鞨清宣統二年設州今改縣省東北一千五百里東界中俄分界耶字界牌西界同江南界饒河北界混同江江左爲俄阿穆爾省

穆稜縣

因穆稜河中貫縣境故名又名摩琳滿語謂馬爲摩琳以其地素產馬也金爲女眞别部世祖本紀拉必瑪察據穆稜水使阿里罕往撫之即此地也明爲木倫河衛（一作毛憐衛）清初仍稱木倫路開國方略明萬曆三十九年辛亥秋七月取烏爾固辰穆稜二路是也光緒年間因韓民越墾衆多設穆稜河分防知事宣統二年改設縣省東北八百一十里東界東寧西界寧安勃利南界甯安北界密山

方正縣

地名方正泡元屬呼爾哈萬戶府明季屬呼爾哈部清光緒三十三年設大通縣於松花江北崇古爾庫站嗣因吉江兩省畫分以松花江爲界大通屬江省宣統元年移治松花江南岸方正泡迤南設方正縣設巡檢一員今裁省東北九百零五里東界依蘭西界同賓南界牡丹江北界松花江江北即江省大通縣

樺川縣

地名悅來鎮一名蘇蘇屯以縣境東有樺皮川故名渤海以後爲靺鞨族所居即今之黑斤人也明季爲使犬部之音達埠路清天命元年八月招取南岸諸羅部及使犬部之音達埠音達埠即今縣境東之音達木河是也宣統二年設縣於佳木斯三年因水患移治悅來鎮省東北一千三百十八里東界富錦西界依蘭南界撥設治之寶清北界松花江江北即江省湯源縣

富錦縣

地名富克錦滿語作夫替新今縣城即古代黑斤人建築古甎城渤海以後世爲靺鞨族所居今縣境左右古代留遺之城郭壁壘完全者計有數處縣西八十里有古城曰瓦利活吞滿語活吞城也縣東二百四十里有古城曰烏龍活吞縣西十五里有古城曰夫替活吞又縣南七里星河岸南北對峙有二古城土人但以對面城呼之又縣西門外有小古城名活吞吉利大約均爲黑斤部落族居之地清爲黑斤人本部清光緒八年設協領以統新編土著之黑斤人後設富克錦巡檢宣統二年改設縣省東北一千八百里東界同江西界樺川南界寶清北界松花江江北即江省湯源縣

饒河縣

以撓力河得名滿語曰諸羅爲禽鳥衆多棲集之地漢音則譌爲撓力明爲尾瑪河地

面後爲窩集部之諸羅路縣境內黑斤人族居清宣統三年設縣省東一千九百四十里東界烏蘇里江西界寶清南界虎林北界同江

第三章　山川

第一節　吉林境內長白山支脈攷

長白山爲東方諸山之主峯吉林城東南六百餘里突兀聳秀樹峻極之雄觀萃扶輿之靈氣山之上有潭曰闥門源深流廣松花江發源於其北鴨綠江發源於其西圖們江發源於其東奉吉兩省天然界限山之南麓分爲二幹一幹西南指者東至鴨綠江西至通加江高麗諸山皆其支裔也其一幹自西而北至納祿窩集復分二支北支至盛京爲天柱隆業二山折西爲醫巫閭山西支入興京爲啟運山自納祿窩集而北袤延四十里土人呼爲果爾敦敏即長嶺也長白山滿語果勒敏珊延阿林果勒敏長也珊延白也阿林山也古名不咸山漢稱單單大嶺魏曰蓋馬大山後魏曰太白山又曰太徒從太太皇皆一山也長白山之名則自金始又稱白山俗亦稱爲白頭山蓋以山頂四時積雪故也回旋盤曲緜亘數千里吉林境內之山皆發源於長白山之東北二麓今將長白山山脈在吉林省之統系者約分三支以牡丹松花兩江爲斷凡在牡丹江以東者命名爲東部牡丹江以西松花江以東者命名爲中部在松花江以西者命名爲西部東部白奉天安圖

入吉林和龍縣之英額嶺經黑山嶺其分嶺有雞冠磖子城牆磖子廟嶺牛心山雞爪頂子大嶺子由英額嶺而北則爲敦化之恰爾巴嶺其分嶺有大青背駱駝磖子延吉之二靑背嶺北大頂子西四方台土頂子由恰爾巴嶺向東北則爲義松嶺其分嶺有禿老婆嶺烟筒磖子再東則有老松嶺居延吉甯安汪清東甯四界之區此山綿亙數百里寔爲東北一大支幹由長白山東北百廿里俗呼爲老嶺其分嶺南有燈草頂子烟筒磖子太平嶺（汪清縣境）東北有關老婆嶺荒頂子烏拉草頂子（東甯縣境）西北有馬鞍山盧家屯子臥龍屯（甯安縣境）迤東則入穆稜境爲穆稜窩集嶺以森林茂密故名其分嶺有狐狸密嶺四個頂子西北有桿麪石黑王嶺（甯安縣境）東北有黃窩集山（密山縣境）由穆稜窩集嶺至依蘭之察庫蘭嶺經哈達嶺至密山之奔松子嶺其分嶺有發希山虎林境之七虎林山半拉窩集山涼水泉山蘇爾德山由奔松子嶺迤西而北經對頭磖子（依蘭縣境）葛蘭棒子山（同江縣境）至阿爾金山其分嶺有牛心嶺子烏爾根山其西樺川境有七星磖子小青背大青背哈達密諸山由阿爾金山迤西北轉而東向入富錦境之雙崖山再東北則有別拉音山又東北爲烏爾古力山同江之西太平長春嶺楊木岡綏遠之太平山轉而西北行有孤山子小白山至喀爾布蘭山蘇杜立喀蘭山至科勒木山隣韓畸河通江再東則爲耶字界牌俄之伯力及東海濱省矣中部則由奉天安圖縣入吉林敦化縣之牡丹嶺即牡丹江發源處也由

牡丹嶺西北至敦化樺甸交界之富爾嶺逕新開嶺三個頂子其分嶺有牛心頂子太平樺甸縣境山雙廟嶺烏松磖子雞冠磖子威虎嶺敦化縣境由富爾嶺別分一支有帽兒山五虎石及舒蘭之玲瓏嶺滾馬嶺再北則至額穆縣之張廣才嶺一名長嶺即嵩嶺也東西三十餘里層松飾巖列柏綺望綠天樹海蔚爲鉅觀聳立吉林東部其山脈散布者有秃頂子北洋山牛心頂子太平山琵琶磖子老黑嶺舒蘭縣之呼蘭嶺大秃頂子四方頂子⿰舟咸⿰舟虎嶺鍬鑼嶺烟筒磖子再北則爲吉林境之老爺嶺南慶嶺由張廣才嶺迤東北則有甯安額穆交界之老嶺其分嶺有五常之摩天嶺九十五頂子金炕山雞冠磖子大青頂子馬鞍山冉北則有甯安五常交界之茨老茅山甯安之圍場荒山至畢展窩集嶺其分嶺有五常之東西螞蜒窩集嶺雞爪頂子四方頂子大紅頂子二紅頂子索多和山碩多庫山長壽之牛高嶺樣子嶺螞蜒河嶺長壽山迤北則入方正縣之龍爪溝山東老嶺阿穆達山城牆磖子老爺嶺烏槍嶺子七個頂子關門咀北界松花江其西部則自奉天輝南入吉林之濛江州斐德里山其分嶺有窟窿頂子七個頂子豐坡山四方頂子經三岔嶺二岔嶺至濛江磐石樺甸交界之那爾轟嶺其分嶺有樺甸之錯草嶺大小簸箕岡由那爾轟嶺西北至磐石之呼蘭嶺其分嶺有官馬咀子山土門嶺杉松嶺老毛山黑風頂子⿰羊亘羊磖子雞爪頂子牛心頂子磨盤山逕東西老爺嶺馬鬃嶺至庫勒嶺其分嶺有雞冠山

猪腰嶺烟筒山紅石磖子青頂山伊通縣之一步山老爺嶺雙陽之小雙頂將軍嶺光僻山黑頂子再西北則爲伊通邊門之克勒山經馬鞍山摩里青山黑頂子至長春之白龍駒山接奉天之懷德縣此就吉林境內長白山脈之統系約略具此其他孤立無聯以及零星諸小山名目繁多不能備載姑從闕焉

吉林彙徵

圖們江流域 附圖

圖們江在琿春城東南四百里其南即朝鮮咸鏡道漢之樂浪郡也出長白山南麓分水嶺東麓曰土門色禽其源有二一爲正源紅丹水一爲分源石乙水紅丹水出小白山正東之三汲泡泡水東北伏流八里有泉湧出是爲紅丹水之源自泉湧東北二十五里受柳洞河水又東流五十里與石乙水滙焉是爲圖們江之正源亦即吉韓之分界也石乙水東北流二十里受紅土山水又東南流二十里與紅丹水滙焉是爲圖們江之分源紅丹石乙二水滙流以下始爲圖們江之正流自江源交滙後又東流十七里受紅溪河又東流至三江口受西豆水（亦稱魚潤江） 圖們江自合西豆江水後水勢始盛又東北流逕望台山受外六道溝外五道溝石洞子溝折向東北流徑東景德又北流經懷慶街受小鍾城歲諸水北流入汪青縣界逕豐都鎮折而東受十三道噶雅河諸水（一名噶哩河）與朝鮮分界受薩奇庫河三道河牛圈溝河石頭河經凉水泉子東入琿春琿春西南爲朝鮮界東流至黑底入境又東受乾瞻河又西北受檳榔溝北受拐磨子溝又南逕荒山坡受陰陽河南流至紅旗河口受紅旗河水又南西岸界朝鮮南流至大黑嶺子受蓮花泡河逕雲台山受圈兒河又南逕土字界碑出境經日俄交界注於海案圖們江之名稱始見於遼史遼天祚五年命駙馬蕭特默等將旗兵五十萬伐駝門敗績當時所謂駝門即圖們也

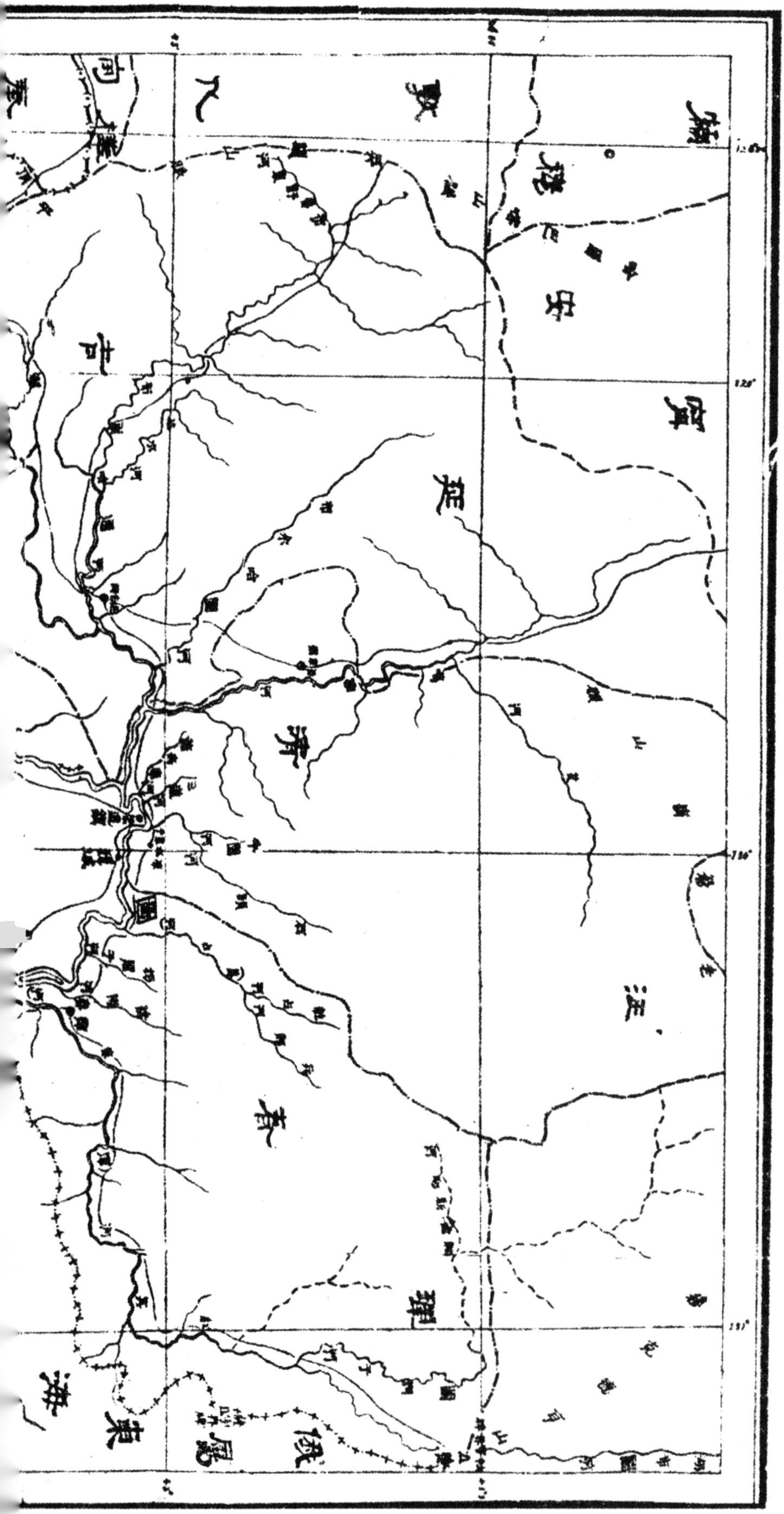

圖們江

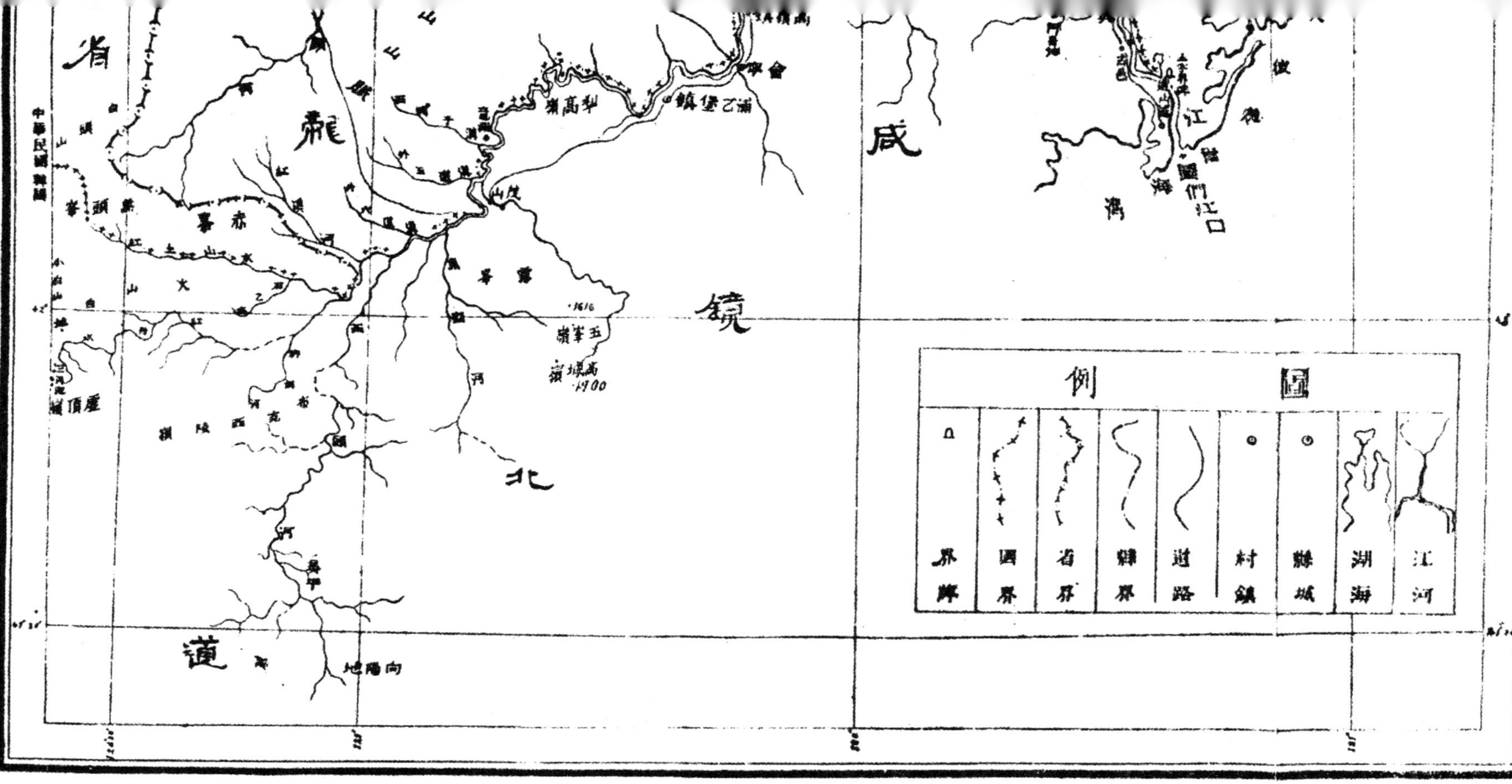
咸
鏡
北
道
一百万分一之尺
圖例
江河
湖海
縣城
村鎮
道路
縣界
省界
國界
山脈

金史世紀景祖兵勢稍振統門水溫特赫部來附所稱統門即圖們轉音耳前清聖武記作圖們通典通攷一統輿圖皆稱圖們俗稱土門何秋濤朔方備乘乃作徒門總之駝統皆圖之雙聲而土徒又同音之輕重讀也滿洲語圖們者衆水聚匯有包藏萬有之義圖們江源流長千有餘里實爲朝鮮與中國天然界水齊召南水道提綱於圖們江下游除詳晰中國國境外並於江之南岸朝鮮六鎭及有名城市均已備載茲不復贅

松花江流域 附圖

松花江本名松阿哩烏拉滿謂天河也魏書勿吉傳國有大水闊三四里曰速末水遼曰鴨子河聖宗太平四年改爲子河爲混同江明一統志混同江俗呼爲宋瓦江本名宋瓦河至宣德八年始改爲松花江松花江發源於奉天長白山北所謂黑水是也北麓滙諸水爲二道江西麓滙諸水爲頭道江蜿蜒周折數百里入吉林由两江口合流受葦沙溝色勒河至烟筒磖子納輝發河卡倫又北流受穆奇河至樺皮甸子由沙石滸東北流受海青溝溫德河至吉林省城南又北流受牸牛河興隆河經烏拉街至泡子沿受四家子河與舒蘭交界又北流至上河灣五十里入德惠縣與楡樹縣分界又西北流經蓮花泡南直西流逕鷹山南岸界蒙古郭爾羅斯前旗界逕伯都訥城西南又約六十里東分一水爲二道河又西北至三江口折成三角形來會古諸尼江卽嫩江也混同江之名自此始折東流北岸界黑龍江省南受拉林河入雙城又東流二百餘里受葦塘溝河朝陽河入濱江縣城北又屈曲行七十里受阿什河至斐克圖河入賓縣境又東流受烏爾河葦子溝河夾板河恒道河淘淇河擺渡河又東流四百餘里入方正受螞蜒河東北流與黑龍江省分界入依蘭縣南會牡丹江受達林河大小古洞河又東北二百五十餘里入樺川受小鈴璫麥河音達子河汶澧河又東北入富錦受哈達密河安邦河柳樹河又東

松花江

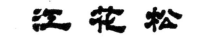

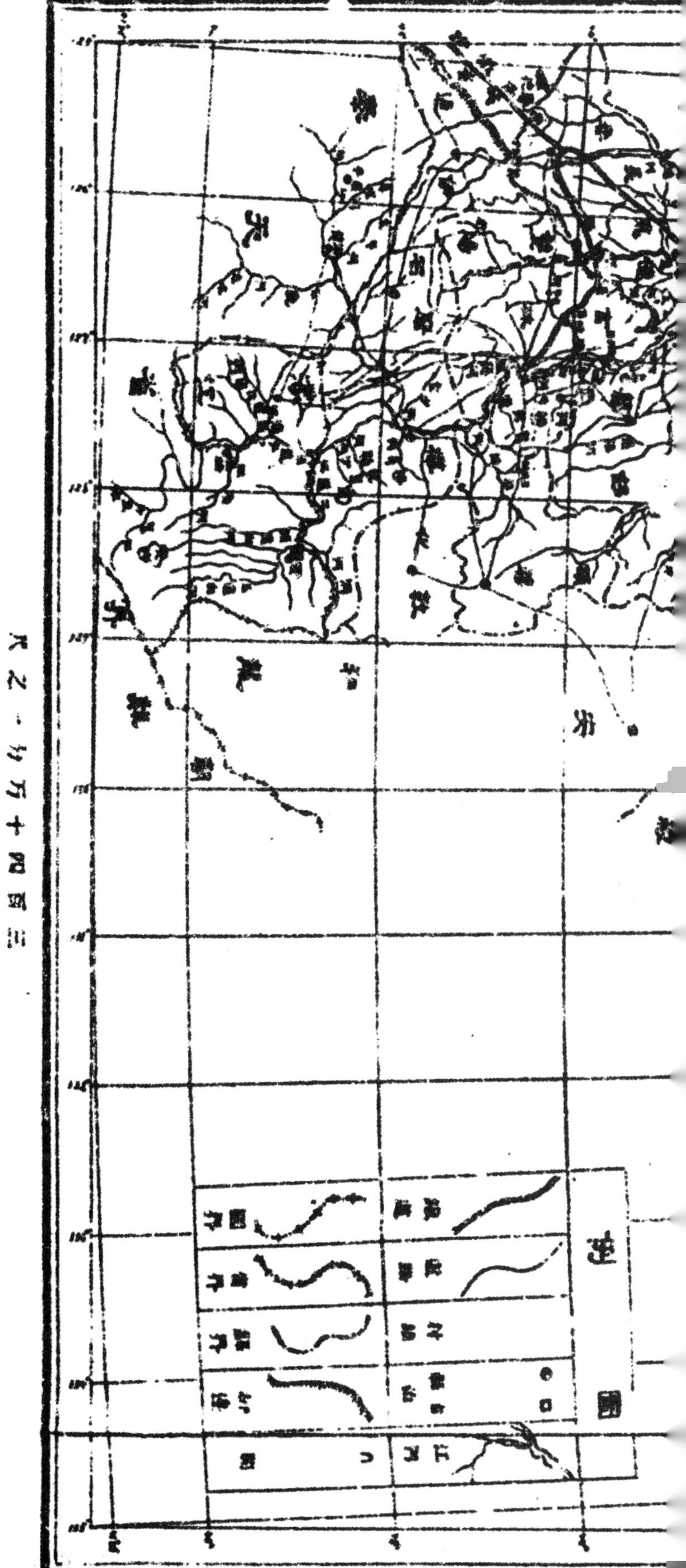

流與俄國分界經富錦縣城一百三十里入同江與黑龍江合其交匯處名黑河口又東流入綏遠州城北會烏蘇里江與黑龍江三江合匯入俄屬案松花混同實皆一水伯都訥以上直稱松花江自三江口與古諾尼江來會遂以松花混同爲上下游之稱且其地爲黑龍會流之處黑龍混同聲音相類故金史世紀直云混同江亦號黑龍江非無因也金史又云上京有混同江鴨子河宋瓦江是當時雖屬一水已分松花混同爲二名至所稱鴨子河係指長春一隅而言唐書靺鞨傳粟末之東曰北山部注他漏河爲今滔兒河於伯都訥西北境注嫩江而同入松花江是唐時粟末之稱僅至嫩江而止并非上下通稱也總之自長白山以下宜稱曰松花江至會嫩江黑龍江達烏蘇里三江之水直定曰混同江名義符合確無疑義元一統志以混同江源出長白山經舊建州西故上京下達五國頭城東北注海按建州今敦化縣上京今甯古塔是以牡丹江所經之地爲混同江則更誤矣

牡丹江流域附圖

牡丹江發源敦化縣牡丹嶺長白山北徑三百餘里之幹山東北匯爲鏡泊湖者也自東南嶺流受四道荒溝大荒溝大黃泥河小牡丹江大石頭河諸水經敦化縣城南又北流二百五十里受風溪河又其北有蝦蟆塘河自西來入之珊延穆克河自東來入之又北入額穆縣北流受朱爾德河大沙河亦號大鹹鯱河與雷風溪隔一山合東流數十里與朱爾德河合折向東流則都林谷河自北合數水來入之都林谷河今呼曰都陵河源出塞齊窩集南流數十里東岸界甯古塔西受佛多和河又東流受當石河又東有塔拉河合阿拉河一曰阿蘭自北來注之又東流托罕河大小空其木河自東南來注之又東北數十里受諸水匯爲巨澤曰畢爾騰湖即所謂鏡泊湖也一作阿卜湖唐稱呼爾海金稱阿卜薩湖明志作鏡泊湖長七十里南北徑二十餘里牡丹江水入湖之處則在西南有一崖曰呼克圖峯瀑布高懸水聲砰訇土人名曰發庫滿語即瀑布唐人所謂渤海王城臨忽汗海想即在此處也湖之南曰南湖頭有夾澮河注之湖之北曰北湖頭有海蘭河一曰駭浪河諸水注之出湖口受阿布河沙蘭河楊木台諸水東南至京城受瑪展河經甯安縣城受哈瑪河河出城南老松嶺兩源歧發曰二道河曰三道河合西北流折而北廟兒嶺水自西來注之沿北流至拉古口迤東尼葉黑河諸水注之又北過扁擔嶺逕三站受三道河入依蘭境東北逕城墻磖子東五個頂子西受烏斯渾卡倫烏斯渾河又西受尼什哈一河又東北逕松樹嶺東受伯勒河又東北過三姓城西

牡丹江

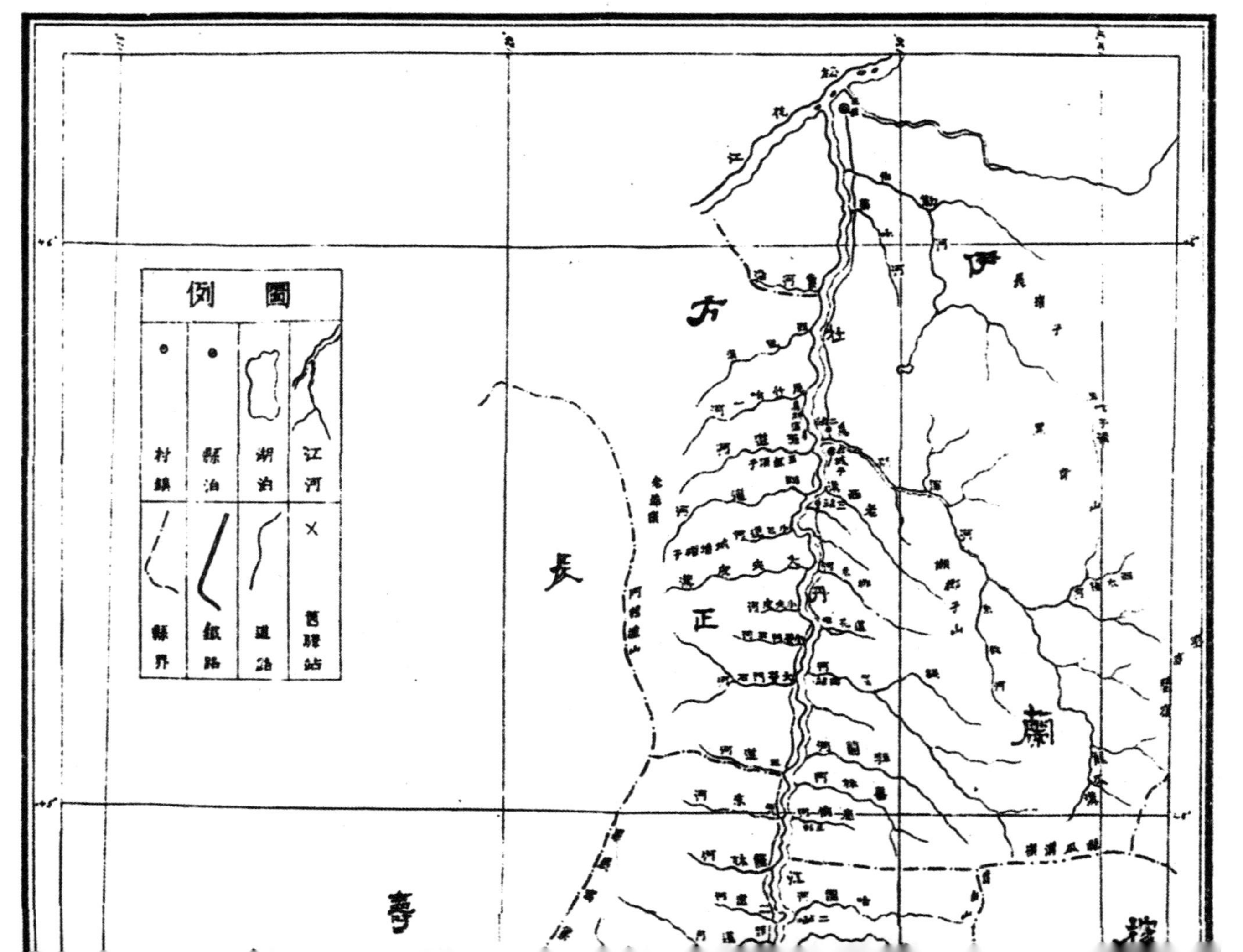

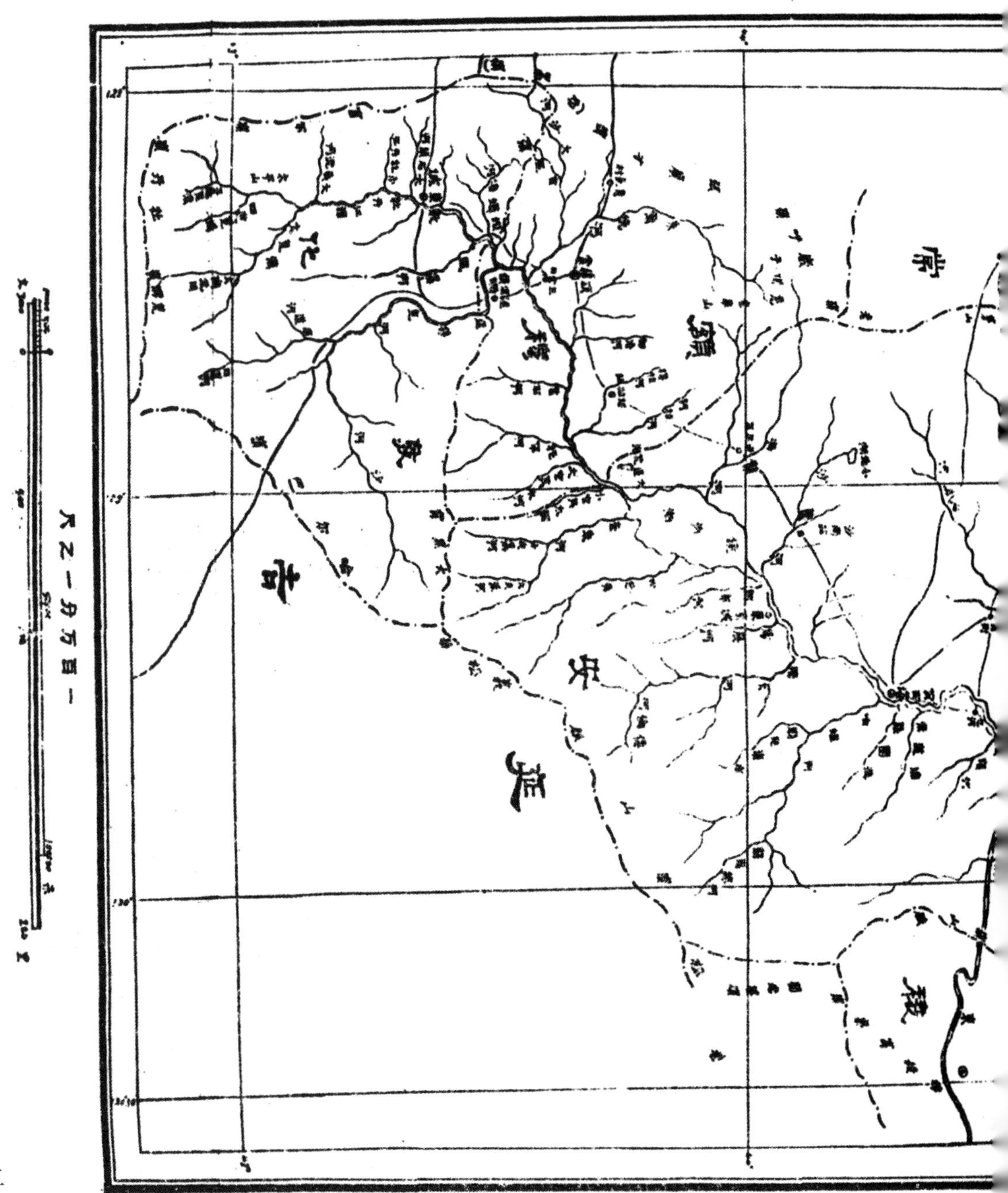

二里許北入混同江會流入俄屬案牡丹江唐曰忽汗河金稱瑚爾喀羅噶胡里即呼里改路元曰忽爾喀路明一統志所謂胡里改江出建州東南山下東北入鏡泊者也滿語稱虎爾喀又作呼爾喀後人誤以興凱湖爲瑚爾喀非也興凱湖在混同江甯古塔東四百里明一統志云鏡泊之北有小湖曰達巴庫是也瑚爾哈出敦化縣由甯古塔西源流迥別又齊召南水道提綱以爲即按出虎水按出虎水今阿勒楚喀河爲完顏故部在金之上京會甯府道里懸絕又豈可執彼以混此哉

烏蘇里江流域附圖

烏蘇里江一名烏子江又稱戊子江源出錫赫特山在甯古塔東琿春南即渤海東京龍原府元合蘭路屬和羅噶里路地也錫赫特山爲吉林東南部一大分水嶺山東之水入海山西之水入烏蘇里江混同江烏蘇里江自錫赫特山發源逕能圖山東受能圖何水又西逕瑚葉昂阿（昂阿滿語口也）北瑚葉河東合小水一自南注焉又折而北逕富特勒庫山東瑚爾穆何自東注焉又北西受伊魯河又東北受噶爾瑪何入虎林境會松阿察河北流與俄國分界受大小穆稜河又東北受七虎林河阿布沁河大小木克河又東北受獨木河至外七里星河入饒河縣境與俄之東海濱省分界又東北大小別拉抗河自西來注之又西北受大帶何西北雞心水河匯之又西北受小安河外奇勒沁河至撓力口受撓力河又東受固米小河入綏遠境又東北迤折而西受畢拉音河又西南受畢爾賽河至窩集口受窩集小河水由窠集口西分一支流名通江入混同江東北正流入黑龍江與混同江交匯其中間之地作三角形混同江烏蘇里江通江環其三面中俄耶字界牌立於此對岸即爲俄之伯利伯利即唐之勃利也按照咸豐十年條約云東界定爲什勒額爾古訥兩河會處即順黑龍江下流至烏蘇里江會處其北邊地屬俄羅斯國其南邊地至烏蘇里江口所有地方屬中國往時耶字界牌在伯力對岸俄人迭次擅移侵佔內地

烏蘇里江

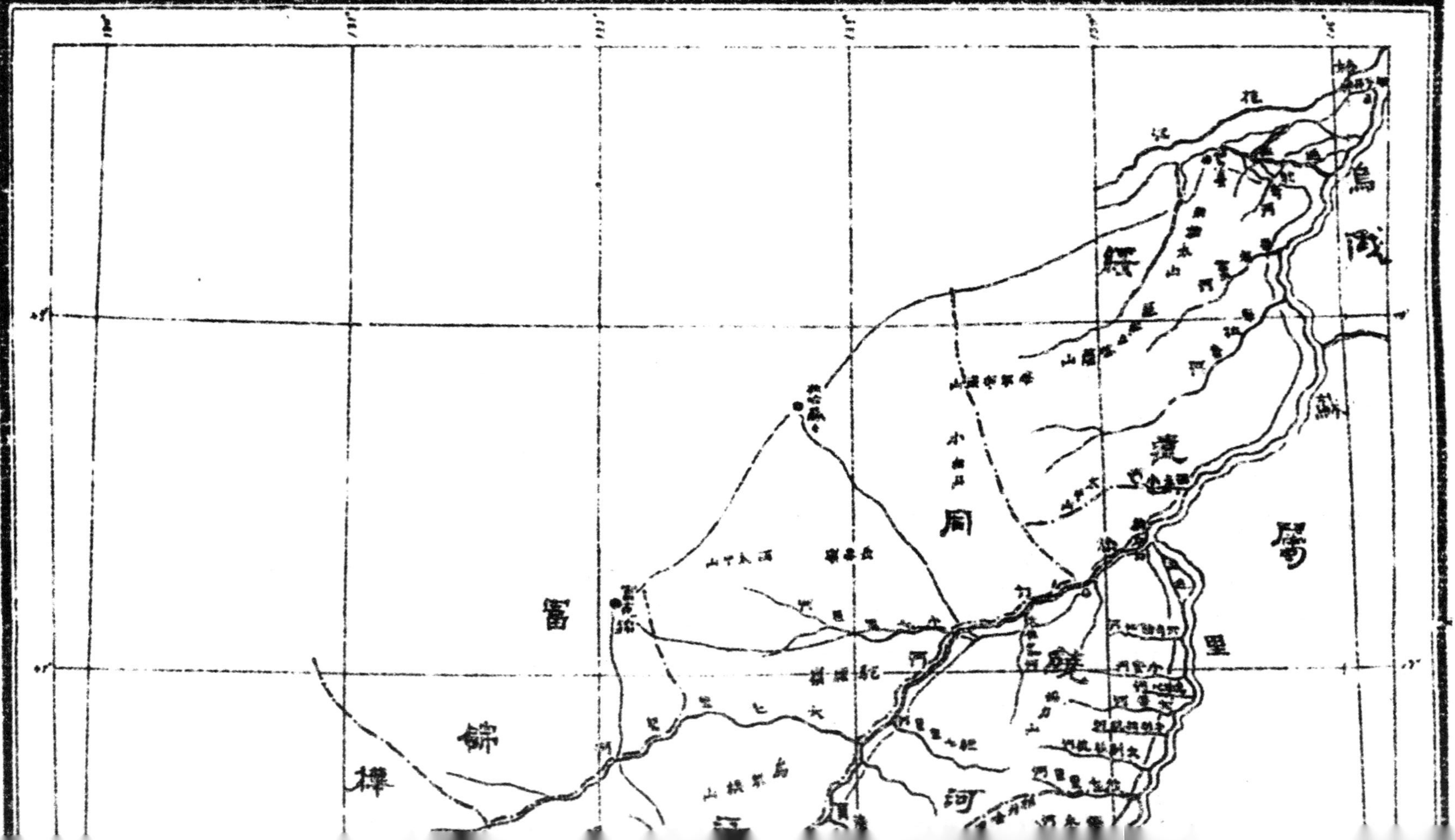

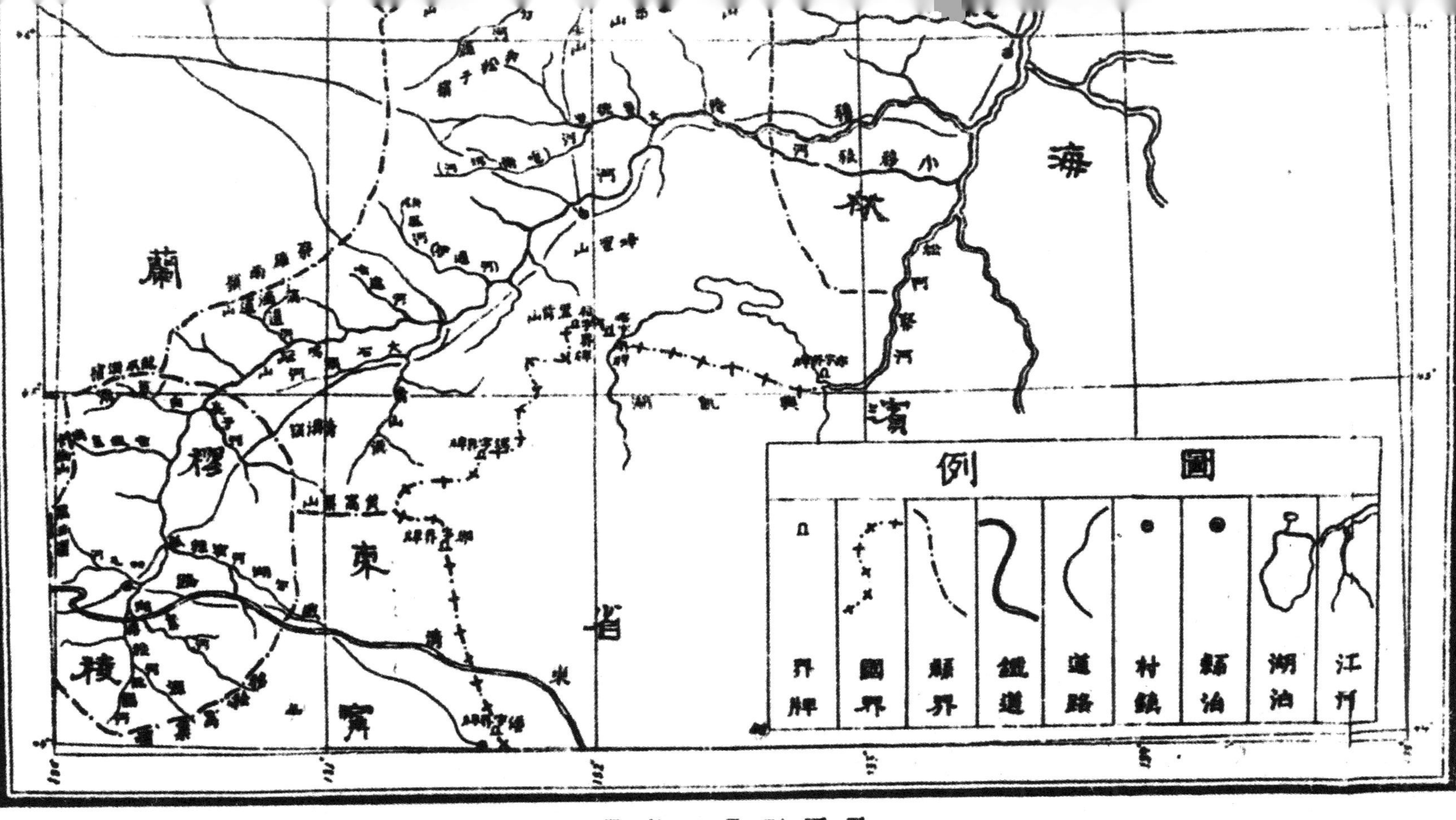
圖例
江河
湖泊
縣治
村鎮
道路
鐵道
縣界
國界
界牌
二百万分一之尺

八九十里現在通江口以下無論南岸北岸漁獵樵採皆納俄稅均非我所有矣是烏蘇里江爲中俄天然界限不以正流爲界而以尾閭處通江之支流爲界國疆交錯視爲歐脫而任棄之良可慨也烏蘇里江自東南海岸錫赫特山源流經虎林饒河綏遠等處畢會混同江凡二千四百餘里由此而北即爲俄之東海濱省矣

吉林彙徵卷下

合肥郭熙楞伽園甫著

第四章　政治

第一節　職官

行政

吉林爲滿洲祖居部落前此無官制可考清朝定鼎自順治十年設昂邦章京於甯古塔以鎭其地康熙元年改爲鎭守甯古塔等處將軍十五年移駐吉林乾隆二十二年改爲吉林將軍所轄有副都統參領總管協領防禦驍騎尉等官而於吉林伯都訥甯古塔阿勒楚喀三姓各設副都統一員至參領以下各官時移時裁不能細載將軍署則有戶兵工刑四司以及主事筆帖式等官雍正初年設滿漢御史不久裁去民官之設始於老三廳老三廳者吉林伯都訥設理事同知長春設理事通判專理旗民詞訟交涉事件然旗民亦有竟訴於協領防禦各旗署者光緒八年將軍銘安奏設吉林分巡道兼按察使八年奏請改吉林理

事同知爲府改伯都訥爲撫民同知長春爲撫民通判兼管旗民凡舊有旗署不得與聞地方詞訟事舊制已稍有變更嗣後增設府廳州縣駸駸乎有行政規模矣光緒三十三年改東三省爲行省裁將軍都統設總督巡撫東三省設總督兼將軍事吉林設巡撫兼都統事以治旂民總督駐奉天兼轄吉江兩省吉林巡撫奏事須由總督會銜方能上達四月奏請於三省各設行省公署倣照京都辦法督撫與司道同署辦事公署分設二廳曰承宣廳掌一省機要總匯考核用人各事曰諮議廳掌議定法令章制各事設左右參贊各一員分設八司曰交涉曰旗務曰蒙務曰民政曰提法曰度支曰提學曰勸業各設司使一員承宣廳及各司均設分科每科設僉事及一二三等科員以佐之諮議廳不設官缺酌派議員副議員顧問官額外議員至陸軍關係重要另設督練處以擴充軍政司法分權專設提法司理刑法督撫各設秘書無定額此原奏吉省官制之情形也嗣將原有之吉林分巡道裁撤增設民政交涉提學度支提法五司勸業一道設民政使司民政使除掌警政自治等項外倣各省布政司兼管府廳以下升調補署事件設首科僉事一員旋裁改總科長分設五科曰

民治曰警政以衛生科附焉曰疆理曰營繕曰庶務警察有城局鄉局城巡則設總局鄉巡則設分局而以地方官爲監督歸其節制省城設有高等警察學校各屬設有敎練所以儲警務人材又有田野之警察以護民屯墾戶有國際之警察以保車站商埠有山林水道各警察以安林礦行旅並飭各村莊編練預備巡警俾其守望相助而衛生中之潔清驗疫等類亦時附見焉交涉則設交涉使司交涉使專辦交涉事件設首科僉事一員旋裁改總科長分設三科曰互市曰界約曰總務委用科長科員另設日俄英等語譯員度支則以所有財政各局所及從前之戶司併入設度支使司度支使管全省財政事務設首科僉事一員旋裁改總科長分設三科曰總務曰賦稅曰俸餉總務科設文牘稽核會計庶務四股賦稅科糧租稅釐兩股稅務科專理收入俸餉科則專筦支出而以總務集其成凡司署所設各科地方府廳州縣文件各以類附屬各科辦理改學務處設提學使司提學使筦全省學務設首科僉事一員旋裁改總科長分設四課曰總務曰普通曰會計曰圖書初吉林科舉時代生童歲科兩試赴奉天寄考同治九年經將軍奏請奉天學政按臨並准黑龍江生童附

試光緒三十年省城設全省學務處先後設師範學堂並小學堂僅六處近年學務冊表計全省中小學蒙養男女師範女子兩等小學農工商礦等實業學校已有一百餘處至全省民刑設提法使司提法使掌全省民刑總匯監督各級審判檢審廳及辦理司法上行政事務設首科僉事一員旋裁改總科長分設四科曰總務曰民事曰刑事曰典獄至勸業一道則以農工商礦林業各局併入管全省農工商務及各項交通事務設首科僉事一員旋裁改總科長分設五科曰總匯科曰農科曰工科曰商科曰郵傳科總匯掌擬訂各項章程掌箋文件及辦理會計庶務各事宜農科掌屯墾農田水利蠶桑水產森林畜牧狩獵各事工科掌工藝機械製造檢定度量及礦務事宜商科掌商會商標保險及公司注冊各事郵傳科掌鐵路航路郵政電報文報各事凡道屬各局及地方府廳州縣文件均以類附屬各科辦理旗務暫不設司以舊有兵司與調查旗務併改爲旗務處設總理協理幫辦各一員仿照奉天旗務處各設分科畫爲四股曰儀制掌箋朝賀典禮陳設祭品常年例貢例請旌表各事曰軍衡掌管旗員升調補署軍政京察挑補兵缺驛站馬政各事曰稽賦掌管旗屬官

兵俸餉紅白郵賞隨缺地畝徵收旗地各項租賦添置牛具並田房稅契旗丁戶口三代冊籍等事曰庶務掌莞調查旗丁職業貧富籌畫歸農勸學宣講籌辦實業逐日收發文件監用關防出納欵項及各項雜務等事設正管股五員幇管股十一員額外幇管股一員由部發給木質關防文曰吉林全省旗務處之關防以舊有鳥槍營署爲吉林全省旗務處改股爲科蒙務處以奉天巳有東三省蒙務總局則吉林蒙務處即以旗務總理兼辦並派協理一員餘酌設文牘繙譯等員參贊所領之承宣諮議兩廳暫不設缺由秘書文案處辦理以從前之印務併入暫就撫署改設行省公署辦事處另立印信並訂規則三十四年三月起每日午後兩時各司道齊集公署遇有應行酌議事件即時面請督撫示遵辦理每件應歸某司道承辦即由本員交各科員擬稿呈判各府廳州縣除刑名案件由提法司勘轉外餘皆逕達公署毋須分詳分稟一洗從前散漫牽制積習宣統元年復定省外官制舊有吉林琿春三姓伯都訥甯古塔阿勒楚喀各副都統先後裁撤長春於三十三年己設長春分巡兵備道是年增設濱江琿春依蘭分巡兵備道兼辦交涉邊務及有關者監督關稅二年改

爲西南西北東南東北四路分巡兵備道分轄新添及原有府廳州縣各府亦不設首縣自理地方事以袪層累積壓之弊計府十一曰吉林長春雙城新城五常賓州延吉甯安依蘭密山臨江直隸州一曰伊通直隸廳一曰榆樹撫民同知一曰琿春分防同知二曰濱江虎林撫民通判一曰東甯州二曰濛江綏遠緩設州一曰寶淸縣十八曰磐石樺甸舒蘭雙陽農安德惠長嶺長壽阿城和龍汪淸敦化額穆方正穆稜樺川富錦饒河緩設縣二曰勃利臨湖分防州同一赫爾蘇州同府經歷六吉林長春新城五常依蘭寶淸巡檢九農安磐石雙城賓州五常榆樹濱江敦化方正分防巡檢三拉林分防藍彩橋分防一面坡分防典史一長壽主簿一長嶺縣新安吏目一伊通此前淸吉省職官之大概也民國肇建政治改革吉林巡撫改稱都督畫分省治不受轄於奉天二年軍民分治都督專治軍事設民政長爲行政長官吉林則以民政長兼都督事畫一行政官廳制公署設總務處秘書科長科員技正改民政司爲內務司度支司爲財政司提學司爲敎育司勸業道爲寔業司各司仍分司任事均爲佐治官與各縣無直接公牘亦無印信提法司一缺司法獨立不屬行政範圍由

司法部改稱司法籌備處旋裁交涉司由外交部改爲特派吉林交涉員專辦交涉財政部復添設國稅廳籌備處專司征收國稅四路道改稱觀察使府廳州統改稱縣以昭畫一所有府廳州縣所屬之州同經歷巡檢吏目典史主簿一律裁撤僅留赫爾蘇州同新安主簿賓淸分防經歷均改爲分治員以資佐治三年改民政長爲巡按使管轄全省民政各官及巡防警備等隊受政府特別委任監督財政及司法行政暨其他特別官署之行政事務裁內務敎育財政實業四司公署設政務廳置廳長一員掌政務廳事務內設總務內務敎育實業各科改科長爲主任科員爲主稿由巡按使自委椽屬佐理各項文牘事務四路觀察使改爲道尹受巡按使委任監督財政及司法行政事務西南路爲吉長道道尹西北路爲濱江道道尹東南路爲延吉道道尹東北路爲依蘭道道尹分轄各縣一如舊制焉

司法

吉林刑名詞訟向由將軍署之刑司核轉光緒八年設吉林分巡道將吉林伊通敦化長春農安伯都訥五常賓州雙城等處民刑案件改歸該道核轉而各城所屬旗人案件仍由副

都統逕達將軍署刑司核辦二十二年將行營發審局所設之裁判所改爲高級審判廳三十三年設吉林提法使掌全省民刑總滙監督各級審判檢察廳及辦理司法上行政事務設總務民事刑事典獄各科次年復將刑司裁撤歸併按照新章將行政司法畫分原有高級審判廳改爲吉林地方審判廳另設高等審判廳辦理全省上控案件設地方審判廳第一第二初級審判廳辦理地方訴訟案件各廳附設各級檢察廳以維持監督之設高等審判廳丞高等檢察廳長推事等官地方審判檢察等官由吉林推廣長春賓州延吉農安新城依蘭各屬並設模範監獄罪犯習藝所審判講習所檢驗學習所旋改司法養成所又設司法會議廳宣統三年賓州農安新城依蘭各審判廳先後停辦改設幇審員民國元年改高等審判廳丞爲審判廳長改提法司爲司法籌備處二年裁司法籌備處

財政

吉林財政向隸將軍署戸司而局所紛歧雜出事權不一有山海土稅局菸酒木稅局餉捐局糧餉處木植公司官帖局官蔘局蔘藥稅局寶吉銀元局自光緒三十三年設度支司使

度支使設總務賦稅稅務俸餉四科將從前軍署戶司裁撤所有租賦倉糧銀庫旂營官兵俸餉及各項財政出納事均歸統一各局有已歸併未歸併者局雖仍舊均隸司屬民國二年改財政司是年財政部並設國稅廳籌備處專司徵收國稅財政司僅筦句稽簿冊而已三年裁國稅廳籌備處裁財政司另設財政廳設廳長一員隸財政部受巡按使監督全省財政事務仍掌莞焉

軍政

吉林自光緒三十二年將軍達桂創設常備軍按照新軍軍制應於省會地方設立督練公所並參仿北洋章程以本省將軍爲督辦以下設參議一員兵備參謀教練三處總辦各一員並於三處分設幫辦提調各一員文案各二員兵備處分設考功執法籌備軍需醫務五股參謀處分設謀畧調查運輸測繪四股教練處分設教育校兵二股每股股員二員各分職掌三十三年准陸軍咨以吉林創練常備軍僅止步隊一協遽援照陸軍一鎭以上章制設立督練公所未免稍涉鋪張應改爲兵備處就近練督於是三處有歸併兵備處之議是

年改建行省以東三省陸軍應歸統一奉天創設督練處以吉林原設之督練公所併入改爲吉林兵備處兼理參謀教練事宜以總督爲總辦吉林巡撫爲會辦設兵備參謀教練總辦一員帮辦一員三十四年改三處總辦爲帮辦改各股爲科宣統元年裁參謀教練兩處帮辦歸兵備處兼理改爲督練分所二年十月改編成陸軍一鎭參謀教練兩處復先後分委帮辦三年改兵備參謀爲參議官參謀官由軍諮府奏派吉林設參議官兼參謀官改編爲三局曰糧餉局曰籌備局曰軍械局各設局長一員一二三等科員書記等官民國元年改巡撫爲都督畫分省治吉林督練公所治軍事歸吉林都督不受轄於奉天二年軍民分治都督專理軍事吉林則以民政長兼都督事督練公所改稱都督府八月裁吉林都督歸奉天都督兼任三年改奉天都督爲鎭安上將軍督理軍務吉林設鎭安左將軍督理軍務改都督府爲將軍署仍隸奉天

外交

吉林自光緒二十二年將軍延茂以吉省邊界與日韓俄接壤時有交涉奏設吉林交涉總

局於省城凡邊務礦稅森林之事路電租借等類皆隸焉二十五年以哈爾濱爲吉江兩省緊要門戶又爲東凊鐵路總支線集合適中之地俄總監工擬設鐵路公司乃奏設鐵路交涉總局於哈爾濱並設分局於沿綫各處派員分理地方稅務鐵路警局亦附屬焉遇有華俄訟事由公司派員會審三十一年吉江兩省將軍會奏請於哈爾濱添設道員專辦交涉並徵關稅故濱江道兼交涉局會辦三十三年督撫會奏吉林省城長春哈爾濱開闢商埠長春設交涉局以長春府爲總理三月建行省改省城交涉總局爲交涉司署而哈爾濱交涉局附之長春交涉局歸併西南路道兼辦吉林設交涉使司交涉使設互市界約總務各科另設日俄英等語譯員民國二年各省交涉歸外交部專辦改爲外交部特派吉林交涉員長春哈爾濱添設交涉員本年十月裁長哈爾濱交涉員三年以四路道道尹仍兼交涉員辦理交涉事宜

吉林彙徵

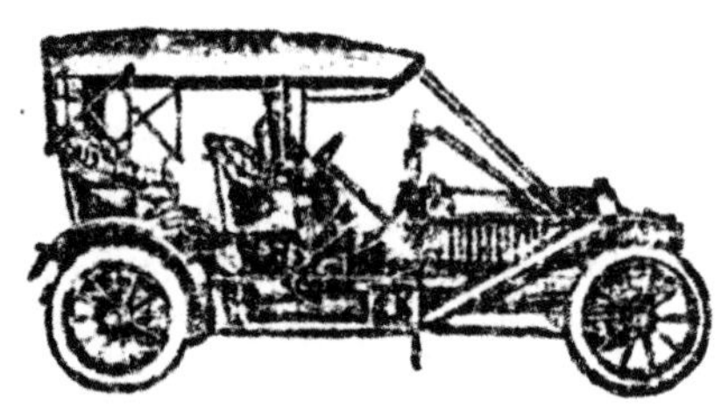

第二節　兵制

吉林東西四千餘里南北二千餘里東北與韓俄水陸毗連邊防要地須駐重兵戍守南跨長白山外直達朝鮮袤延奥衍林密山深盜賊充斥素爲逋逃淵藪兵至則藏兵退則出此拏彼竄豕突狼奔窮追則路僻未諳分防亦力難兼顧內虞伏莽外迫强鄰此地勢之難以控制而兵事不可不講也吉省兵制除八旂駐防外有練軍有吉字營練軍有靖邊軍捕盜軍等名目練兵之創始於同治六年爲專辦馬賊而設將軍富明阿奏准就通省內外各城額兵西丹選練至光緒三年規制始備計馬隊二千分爲七起每起名爲四棨蘭步隊七百有奇以棨蘭分者四爲數四百六十有九皆以全營翼長統之其下有總理會辦統領各級其兵分駐各城鎭自一二十數十百人零星散布虛聲鎭懾而已光緒十一年以籌備東三省邊防於本省練軍外招練新軍名吉字營練軍持簡練兵大臣會同各將軍分別辦理時福州將軍穆圖善實始其事初年挑選兵丹五千人成軍次年撤半歸旗續調二千五百人補之又次年再撤半歸旗續調二千五百人補之期以三年成練軍一萬人更番加練周而復始其兵制分左右兩翼練軍營除練兵大臣以下有總統幇統營務總辦左右翼兩軍各設統領一員左右馬隊各一營步隊四營每營二百五十名隸海軍衙門管理餉械亦由海軍衙門關領並由京師神機營王大臣奏請仿照從前伊犂養兵之費半資屯田之法以旗

漢兵每年分撥四成屯田六成差操更番爲之庶可持久吉林荒地極多借使於經制兵內仿伊犁成法抽調若干成授地墾荒鑿渠灌漑以資生計等語是猶古者寓兵於農之意法至善也乃卒未能行原定換班之期大臣按臨會將軍選調兵丹以合於營制總統幫統躬親其役季課月校稽其勤惰乃換班之始大臣穆圖善遽以疾卒以黑龍江將軍代之後數年來大臣並不親行每歲冬操遣總統一人來吉閱視一年之事數日而畢草草從事賞罰視爲具文有名無實而已先是光緒六年將軍銘安與三品卿吳大徵先後奏請添練防軍名曰靖邊軍專爲邊防而設原練步馬隊五千人嗣庫倫辦事大臣喜昌奏請續練五千人喜昌旋以一千人帶赴庫倫吉林實有防軍九千人七年銘安奏裁二千實以七千人分防寧古塔三姓琿春要隘以吳大徵爲督辦立鞏衛綏安及靖邊各軍之名十年吳大徵調往北洋選帶馬步三千人前赴天津其督辦邊防事宜以吉林將軍兼之初時練隊皆湘淮勁勇將軍希元兼督辦招募本處西丹以足吳大徵帶往天津之數並撤去鞏衛綏安名目專以靖邊爲名分爲五路嗣後有缺即以旗丁補之於是防營無不西丹其營制初定仿湘淮軍步隊五百人馬隊二百五十人爲一營十一年裁減勇數中前左右四路並親軍步隊以四百五十人馬隊以二百五十人爲一營惟後路三營以地要兵單仍如原定之數此外將軍長順達桂先後募捕盜軍吉勝吉南吉強等軍三十營捕盜軍專辦勦匪吉強軍專駐延

吉圖們江北岸前此撥分靖邊軍九營駐紮琿春蓋注重防俄吉强軍則專防韓民之不靖也三十三年徵有陸軍步隊一協三十四年改捕盜吉勝等軍爲巡防馬步三十三營分中左右前後五路分駐各處其營制仿各省巡防宣統二年改編軍制經督撫會奏以延吉關繫邊防緊要前路一軍巡防駐防延吉暫緩改編外其餘中左右後四路連同原有步隊一協一並改編成鎮以記名提督孟恩遠暫充統制當經陸軍部核准定爲第二十三鎮後改稱師三年武昌起義人心惶惑因防範盜匪招募六營名曰新練巡防營駐紮長春民國二年尋將新練巡防改編混成一協此前後三十餘年吉省兵制之大略情形也案吉省幅幀廖廓又係邊塞要衝時有鞭長莫及之慮當宣統二年督撫會奏時內稱吉省至少非練陸軍三鎮不敷分布以一鎮駐紮三姓臨江東北一帶一鎮駐紮延吉琿春東南一帶更以其餘一鎮分紮內地爲防勦鬍匪之用庶幾邊腹相聯緩急可恃等語查吉省東北與俄之東海濱省毗連俄駐重兵於海參威雙城子又別屯師於嚴杵河摩闊威諸處而以駐紮伯力總督聯絡其間簡練軍實建造營房不遺餘力近且逼琿春爲壘開通圖們江北岸以窺朝鮮北境行船松花江以窺三姓上游至延吉琿春其西南接朝鮮之慶源慶興兩府一葦可杭毫無障礙三姓水路上距伯都訥之三岔口一千餘里自三岔口西南陸路由蒙古郭爾羅斯界經蒙古草地直抵奉天之法庫邊門更爲便利是駐重兵於三姓延吉等處一以保

護朝鮮北境一以屏蔽我松花江上游腹地非有兩鎭之師不足以資控扼惟現在餉項支絀業已竭澤而漁惟有實行徵兵政策編伍成軍授地墾荒仿屯田之法將來日漸推廣作爲常備之軍有事則用以征調平時則資以捍衛於籌防節餉之中寓移民實邊之意亦可潛消內患外禦强鄰一舉而三善備焉是所望於當軸者

第三節　交涉

中韓圖們江勘界始末

圖們江為中韓兩國天然界水前清之世屢生界務交涉自康熙五十一年遣烏拉總管穆克登查邊至長白山嶺審視鴨綠圖們兩江之源俱發軔於分水嶺嶺之西為鴨綠江源嶺之東為圖們江源故於分水嶺上立碑曰審視碑後為韓民移至長白山東南麓穆既尋得圖們江源遂與朝鮮接伴使樸權等自江源至近茂山處設界柵以杜侵越以土門江西南屬朝鮮東北屬中國即以此為吉韓界水在茂山惠山相近無水之地勘定界址誌標共守使衆人知有邊界案朝鮮之惠山鎮治在小白山東南茂山府治居三江口東南既曰與茂山相近則此間之界自當順小白山南以東至三江口其上有紅丹水發源於分水嶺之三汲泡於此立碑與東為土門西為鴨綠江之語適相符合是由三汲泡順紅丹水以至三江口確為吉韓分界之綫乃韓民預為侵界地步移至長白山東南麓與紅土山水源相對故後執紅土山水為圖們江源即據於此並謂土門豆滿兩江之間作為荒地海蘭河布爾哈通河即土門河亦即交界江又於長白山北之東麓有石堆數十皆順黃花松溝子兩岸黃花松溝子朝鮮名伊嘎力為松花江之上游遂指為吉韓分界之據光緒初年圖們江一帶韓民越墾日益繁多七年吉林將軍銘安督辦邊務吳大徵奏准將韓民分歸琿春敦化管轄入我版籍八年韓王奏墾

願將流民刷還九年韓遣經略魚允中招徠吉林琿春等處流民彼流民戀茲樂土乃欲利其混界之辭以緩其刷民之令飾詞强辯冀免驅逐我邊臣再三爭辯十一年韓王以勘界請清廷允之於是派琿春協領德玉督理吉林朝鮮商務委員秦煐招墾局委員賈元桂會同朝鮮安邊府李重夏履勘江源查明圖們江源有三南源爲西豆水正源爲紅丹水北源爲紅土山水惟紅丹水在白山東正對鴨綠江源與碑文東鴨綠西土門之意相合且勘明原碑應在三汲泡之分水嶺上今碑實爲後人所移因定以紅丹水爲界韓人知江已勘明乃改而專執長白山北之碑堆爲據舍江流而求土門舍圖們江源而求松花江源我員知終難語屈遂各繪圖而罷十二年更派德玉秦煐方朗會同韓使李重夏覆勘韓使自知理屈多方推延至十三年始同再勘茂山以西之江界是時茂山東業已勘定無異議適又查出石乙一水爲圖們江北源雖非江源之正略與原界不合而發源處尚在白山東麓我員見圖們江界既已勘明所未決者不過源頭數水意在從速了事遂欲姑讓數十里循石乙水爲界乃韓使已知前此所指海蘭河布爾哈通河即土門河亦即交界江之說與圖們豆滿爲二江之誤不能强執遂又改而爭紅土山之一小水以爲圖們之源是其無據之說至此已三變矣是時韓官金允植筆述土門江事曰土門圖們不須論如不獲已從賈元桂之論（賈論未詳）又曰中朝不欲以碑爲證只從江源定界土門圖們豆滿果係一江變音則只當以

豆滿一帶限南北而爲江源有數處其一西豆水若以此水源流爲定則茂山一境半屬中國其一紅丹水若以此爲定則茂山之長坡草村屬於中國均無此理其一紅土山水此水距碑下土堆盡屬杉浦約四十里白山水伏流至此出現流入豆滿江此水即茂山邊界紅丹水以南依舊屬之茂山以北屬之中國兩無相失各得其平夫紅土山水即爲石乙水北之小水彼既知須勘江源不指石乙水爲界而乃專欲以最北之小水爲界是仍假持平之論以隱寓侵界之謀然自此但爭水源不及其他矣是年勘界員德王秦煐方朗覆勘吉韓界務情形於吉林將軍云原勘祇有西豆紅丹紅土三水合此次尋出之石乙水共有四流又云此次該府使目見紅土山水不接與碑堆又兩不相貫即董棚南面向東北流之水亦與碑堆不相關涉知非當年舊界祇因政府授意未能作主可否仰懇憲台詳加察核轉咨總署奏明請旨定界再界址定後遵當另立界碑申明舊界所有穆克登所立之碑既與界址不相關涉而土堆石堆又相引至松花江岸上此時若不將此碑毁去仍恐將來別生枝節且於松花江有礙如以石乙水源定界則自小白山北東麓起至茂山城止自應摘要立碑庶幾界劃分明等語並擬華夏金湯固河山帶礪長十界碑處華字碑立於小白山嶺夏字碑立於小白山東麓溝口距華字碑十五里金字碑立於黃花松甸子頭接溝處距夏字碑二十二里湯字碑立於黃花松甸子盡處水溝距金字碑五里固字碑立於石乙水水源出處距湯字碑十二里河字碑立於石乙紅土兩水匯流處距溝字碑四十一里山字碑立於長坡浮橋南岸距河字碑八十八里帶字碑立於石乙紅丹兩水匯流處距山字碑二十三里礪字碑立於三江口之圖們江西豆水匯流處距帶字碑三十六里長字碑立於圖們江樸河匯流處距礪字碑三十一里是

年總署即奏請覆勘奉旨依議而該國則故意延宕再三催促韓使李重夏始會同往勘及再勘時我員秦煐以石乙水爲定界彼仍執紅土山水爲言往來談判照會閱月細商兩相爭執以致所擬界碑迄未能立甲午以日人因韓與我搆釁後强使韓之自立已伏併吞之意此後韓國對外關係主權已屬於日三十年中韓兩國俱欲派員會勘界務永息爭端而日本以日俄戰役爲詞百端阻遏勘界之議因之中止乃戰役既終日人所繪地圖如阪本嘉馬紀念大地圖龜井忠一最新滿韓地圖皆將朝鮮國界拓入我國領土之內三十三年日人遂有派員越境之舉藉口馬賊及無賴之淩虐遣齋藤入我領土保護韓民並不俟我國之允許先行派員後始照會我國飭其撤回堅執不允與之交涉至宣統元年七月日本使伊吉院彥吉與我外部尚書梁敦彥在京定約七條大旨以圖們江爲兩國之界其江源地方自訂界碑至石乙水爲界開放龍井村四處爲商埠日本設領事館住之所有江北越墾韓民裁判法權仍歸中國日本可派員聽審應納稅項與一切行政皆與中國民同日本統監府派出文武各員限兩月撤退彼此簽約蓋印而數百年未清之界務至此遷就始定

綜觀以上所列案據其因循輾轉貽誤事機約有三期自光緒九年以豆滿土門圖們土門爲二之說互相爭執往復辯論迄無歸宿至十一年十三年一再覆勘源委既明即當審定界址豎立碑據以杜糾葛乃於紅土石乙兩小水相持不決轉成疑案種種狡賴緣此而生

其誤一也圖們江以北爲控制朝鮮要害前清視爲發祥重地悉爲封禁致使神皋隩區夷爲榛莽平原沃野未能繁殖地有餘利鄰人生心而韓民以國土逼狹無地可容是以越墾衆多遂百方狡展希圖混界但知目前之私利而不顧他人之伺其後者日人利用其說遂妄指爲未經確定之領土而我於沿江數百里聽其自由移住毫無限制喧客奪主幾有尾大不掉之勢其誤二也法律行政國有主權我國往時對於韓民毫無法律之裁制韓民之移入我國者亦無國籍之區別儼成一化外之民族民事刑事無裁判權間有犯法韓民仍是送韓官辦理是自棄其法權何怪日人之藉口保護以侵我領土主權其誤三也今者韓社已墟壤地猶錯昔爲藩服今則强鄰况日人恒有言曰開發東三省富源者日本國民之天職也南滿經營勢力澎漲主客之勢已成倒置日人之私計將欲劃吉林東清鐵路幹綫以南縱橫數千里之地悉入範圍而以圖們江一帶爲著手之起點蓋既羨其土地之沃饒礦產之美富森林之茂殖漁獵之利藪其地勢形便若據有圖們江北則江以南可水固無患且以附海參威之背而斷俄人之右臂以佔進攻退守之優勝地步將來得隴望蜀勢所必有此固有識者所共見也我惟先事豫防以鞏固東亞大陸現有之實權無使日人先我著鞭也

中俄界界始末

吉林地處邊陲東南界朝鮮東北毗連俄境界居兩國之間華離交錯被山帶河爲東北屏蔽自日俄戰後俄人經營旅順者一蹙而落入日人之手南滿政策又爲日人佔據幾有不能南下牧馬之勢於是高掌遠摭注重北滿冀以收亡羊補牢之助此俄人所以處心積慮思以侵略我東北利權者也我國與俄壤地相接門戶洞開藩籬盡撤俄人之入我堂奧駸駸乎有反客爲主之勢追原禍始邊疆僨事不自今日始也自清廷康熙二十八年俄羅刹侵擾我黑龍江松花江一帶出師討之底平與俄媾和收回克薩徵地立碑額爾古納河畔遣內大臣索額圖與俄費岳多議劃興安嶺至海爲界以烏底河以南至索倫河爲甌脫地是爲尼布楚之約互相遵守二百餘年未有侵暴之患是即清廷與俄定界之始亦吉林與俄分界之始也咸豐初年值洪楊之變俄人乘我多事發生邊界問題咸豐四年俄人托詞防英吉利帶兵乘船駛入闊吞博勒奇吉各屯及費雅喀人等所居伐木通道建築砲台將廟兒地舊有分界石牌鑿毀五月吉林黑龍江庫倫三省委員在闊吞屯地方與俄使木里斐岳幅會勘俄人指出格爾畢齊河長起至興安嶺陽面各河長止俱俄羅斯界欲將黑龍江松花江左岸以及海口分給該國保護七年俄使普提雅廷赴黑龍江與黑龍江將軍奕山會同查勘奉諭所有海蘭泡闊吞屯精奇哩等處俄人盖房佔住飭其先行撤回是年冬

間英佛稱兵佔据廣東省城俄使普題雅達忽於米夷照會內附呈咨照軍機處中稱分界地址興安嶺並非直達東海不能分作兩國邊界應以黑龍江左岸爲俄邊界中國滿漢人等悉移右岸又欲將烏蘇哩河下游右岸入海河汊分作海岸即以海岸爲斷等語不知中國與該國以格爾畢齊河興安嶺分界百餘年並無更改忽稱興安嶺不通東海欲另闢一直達東海之路以便人船來往八年奕山與俄使木哩斐岳幅至黑龍江會議俄使以黑龍江一帶均係俄國地方現在江左滿洲屯戶均應遷至江右又云兩國界址自河比奈嶺迤東至額爾古訥河入黑龍江烏蘇哩江松花江至海凡沿河各岸一半可屬中國一半可屬俄國江內只准我兩國人行船他國船不能往來奕山與之爭執次日俄使復遞文云今將黑龍江左岸北自精奇黑河南至霍勒莫爾津屯其中原居滿洲屯戶仍令照舊永遠安居其餘空曠地方均與俄國爲界以便屯兵防範英人爲請奕山當以所議各節與我屯丁耕作生計無妨惟文內以河爲界字樣應宜刪改該使大怒是夜左岸砲聲不絕陸屯水船號火極明奕山懾於兵威其餘松花江烏蘇哩江綏芬河距興安嶺之遠近亦尚未能悉概行允許約內並云由烏蘇哩江往彼至海所有之地如同接連兩國交界明定之間地方作爲兩管之地當時冒昧畫押是爲愛琿條約於是開門揖盗自此沿江無要害矣七月俄人闖越黑河口欲由松花江西上又欲將烏蘇里河至海爲中國與該國同管之地並在烏蘇里

右岸圖勒密山向西安設砲台並欲在河內上下左右岸至牤牛河一帶盖房修道奕山遂派副都統富隆額圖帶同佐領三隆親赴綏芬烏蘇里等處履勘適景淳亦奉命查勘松花江烏蘇里江綏芬河一帶是否空曠地方能照黑龍江辦理而副都統吉拉明阿遂許俄使木哩斐岳幅於冰泮時馳往綏芬烏蘇里查勘再立界碑而原立字約十四條有二年後差學生到俄國學藝等語當將吉拉明阿撤任九年俄使石沙木勒幅等聲稱係木哩斐岳幅遣赴興開湖勘辦烏蘇里綏芬等處地界命署吉林將軍特普欽督同署三姓副都統富尼揚阿曉諭俄使與凱湖等處本不與俄連界無可會勘俄使以前約內有烏蘇里江至海為中俄同管之地再三辯駁俄終不允三月特普欽奏俄國人船欲赴三姓貿易又在烏蘇里江建房墾地俄使木里斐岳幅遣員隨帶兵船由水陸分赴琿春並强赴興凱湖勘烏蘇里綏芬河地清廷震怒奕山革職吉拉明阿以擅許勘界拏赴烏蘇里地方枷號示衆十月俄使復往黑龍江城遣副都統愛伸泰至海蘭泡與之會晤富尼揚阿亦隨至愛琿會晤詳為開導以示綏芬烏蘇里等處不肯輕讓之意十年九月奕山奏俄使照會請派大員商酌嗣奉命云該國要求本在意中所稱未了之事即令瑞常等告以綏芬烏蘇里等處均照奇吉闊屯之例借與居住十月奕訢奏俄約已換惟地圖一分係綏芬烏蘇里河分界之據前定條約會添入空曠之地遇有中國人住漁獵之處俄人均不得佔之語一經畫押漫無限制

明春須派員互勘未即畫押旋派倉場侍郎成琦馳往吉林會同景淳辦理在烏蘇里河口會齊遂議自烏蘇里江口而南上至興凱湖以烏蘇里江及松阿察河作爲中俄交界其二河迤東之地屬俄羅斯迤西之地屬中國自松阿察河之源踰興凱湖直至白棱河口順山嶺至瑚布圖河再由瑚布圖河口順琿春河及海中間之嶺至圖們江口其東屬俄其西皆屬中國蓋實讓地二千七百里而俄界已漸逼吉林矣是爲天津之約約文與下牌文略同十一年成琦景淳與俄使阿迪米拉勒喀咱切斐齊會勘由烏蘇里江至圖們江口界址共立界牌八處曰耶字亦字喀字拉字那字倭字帕字土字作記繪圖畫押鈐印彼此互換俾永遵守並勒牌文云此次會同查勘分界原爲兩國和好今地界既經議定自應按照上年續定條約設立界牌以清界綫東界定爲由什勒額爾古訥兩河會處即順黑龍江下流至烏蘇里河會處其北邊地屬俄羅斯國其南邊地至烏蘇里河口所有地方屬中國自烏蘇里江口南至圖們江口其東皆屬俄羅斯國其西皆屬中國上所言乃空曠之地遇有國人住之處及中國人所占漁獵之地俄國均不得占仍准中國人照常漁獵從立界牌之後永無更改並無侵占附近及他處之地所有東邊界內原住之中國人民其向來謀生出入行走之路應聽其便俄國人不得攔阻爲此特立界牌永遠遵守兩國人民咸各知之勿違自立界牌後至光緒十三年命太僕寺卿吳大澂會同副都統依克唐阿赴俄境嚴杵河俄使

館會同俄使巴拉諾伏舒利經克拉多馬秋甯勘界旋奏云查土字界牌不知何年毀失無從查究自琿春河至圖們江口五百餘里竟無界牌一個黑頂子瀕江一帶久被俄人侵佔議定展界在沙草峰南越嶺而下至平岡盡處豎立土字牌再舊圖八處內拉字那字兩牌之間有瑪字界牌記文則缺而未立條約內帕字土字兩牌之間有拉薩二字界牌地圖記文略而不詳現應補立舊立木牌年久易於朽壞鄉民有燒荒之例野火所焚延及牌木難免燬損改用石牌較爲堅固至兩國交界地段太長牌博中間相去甚遠路徑紛歧山林叢雜本未立牌之地難免越界之人自宜酌擇要地多立封堆挖溝爲記奏入允准後遂與兩使勘界前後共立界牌十一個計立封堆記號二十六處繪圖畫押鈐印互換此屢次中俄分界之大要也綜觀以上各節知俄之思欲侵削滿洲得寸進尺已非一日而我之刲盟縮地敗壞邊事皆由於一二顢頇之庸員約而言之可分三期一在康熙年索額圖與俄所訂尼布楚之約輕棄興安嶺北麓東注海之地與俄並以烏底河至索倫爲甌脫地而黑龍江上游之形勢已失俄人居高馭下遂開鐵騎南下之漸是爲第一期失敗之地咸豐八年奕山愛琿之約又割黑龍江東北數千里興安嶺南盡入俄國烏蘇里江沿江各河復爲兩國共管並許以烏蘇里松花兩江航路權於是吉江之屏敝盡失而俄人遠東政策遂侵入吉省自此東陲無安寧之日是爲第二期失敗之地咸豐十年奕訢天津之約以綏芬烏蘇里

河爲界自圖們江以東沿海二千七百餘里盡失尤可惜者海參崴一港不獨爲吉林東南部之關係我國欲振興東亞之海權必憑藉此港爲海軍座地且足以制俄東海之勢力自此港落於俄人之手而東方水陸兩路之根據盡失是爲第三期失敗之地嗟呼烏蘇里江沿岸俄之阿穆爾省東海濱省孰非吾向者之故土耶赫赫版圖今竟爲俄人經營重鎭之區而一入我境則榛蕪如故也墟落如故也彼國人民並時有越境而取我物產之菁華盜憎主人可爲浩歎雖然前車己覆來軫方遒一着之輸全碁皆負毋使神州膏腴之產唾手而委棄於虎狼之族籌國防者其加意焉

土字界牌

琿春屬界距圖們江三十里案此界牌早經毀失吳大澂與俄使勘界時俄使僅就咸豐十一年成琦所換地圖上界綫盡處爲原立土字界牌之所惟是年所換地圖內英尺一寸係俄國二十五里合中國五十里（俄一里卽中國二里）圖上界綫末處與海口相距幾及一寸係俄里二十餘里以中國里數計之實係四十五里惟條約內云兩國交界與圖們江之會處及該江口相距不過二十里而兩國交界道路記內亦云圖們江左邊距海不過三十里立界牌一個上寫俄國土字頭查十一年所立土字界牌之地並未照准條約記文二十里之說說使遂指海灘二十里俄人謂之海河除去海河二十里方是江口吳大澂以爲

江口即海口再三辯論始允於沙草峯南越嶺而下至平岡盡處竪立土字界牌以道里計之照舊圖又失去十數里地矣

薩字界牌

在俄鎭阿濟密與琿春交界之路

啦字界牌

在蒙古街

帕字界牌

在瑚布圖河源分水嶺上

倭字界牌

在甯古塔屬界瑚布圖河口案咸豐十一年成琦會同俄使原議在瑚布圖河口西邊因當時河口水漲木牌易於衝失權設小孤山頂距河二里吳大澂恐以立牌之處即爲國界定址則小孤山以東至瑚布圖河口一段又將割爲俄地與俄使巴啦諾伏議將此牌改立瑚布圖河口山坡高處正在兩國交界之地又據近人閻啟瑞調查云此牌應在五站左右訪該處交涉局鄭委員稱伊到此時並未聞有何界牌惟鐵軌旁有俄官私立三角鐵牌文西面爲東淸鐵路東界東面爲東海濱西界前哈爾濱關道杜與東淸鐵路公

司定購地條約自此以東十五里尚有小站准彼買地五百畝足證也東十數里尚爲我界但此五站勢亦岌岌矣有誰能過問其小站也並何得覔其爲倭字牌也

那字界牌

在橫山會處案此牌本在荒山榛莽中人跡不到中俄均以此牌失毁漫無稽考光緒三年甯古塔副都統雙福與俄官廓米薩爾秋甯補立那字界牌在瑚布圖河口正北山距綏芬河與瑚布圖河交會之處不及二里倭那二牌相去太近又非橫山會處吳大徵派佐領托倫托埒同俄人入山訪得木牌一座上多朽爛僅存二尺餘字蹟剝落無存按其地勢正在橫山會處始立石牌將原木牌毁去

瑪字界牌

在塔俄交界大樹岡子

拉字界牌

在白稜河小漫岡上據土著人云此牌與喀字牌相隔僅二十餘里立於平地砌以亂石聞前無此牌光緒二十一年有人採菌玉至此忽見斷碑不知何日豎立因查瑪字界牌西行四十餘里至老黑山背有石匠汪姓詢稱此山頂曾有界牌以分水嶺爲天然界自二十一年此牌忽然不見於西岡上突出一小石牌高不過二尺兩面皆無字俄人即指

此爲界遂焚中國人已有房屋並不准中國人在此伐木彼此相懸恐拉字界牌自他移來也案白稜河本無其名由俄人混指一處欲由松阿察河掘通墨稜河以行舟楫而窺甯古塔琿春三姓等處遂稱九年立約時寫在約中有云土爾必拉亦須割與後經勘出所稱土爾必拉係在興凱湖東北岸奎屯必拉之右距墨稜河尚有四百餘里蓋經成琦等據此力辨俄始强必拉之分支小河水即爲白稜河之訛蓋欲藉白稜河爲日後佔據墨稜河地位也又光緒十三年吳大澂查勘兩國交界道路記內云計自拉字界牌至喀字界牌十六里四百五十一薩仁（俄國一薩仁約中國七尺有奇）再自拉字界牌至白稜河口十七里七十五薩仁是拉字界牌至喀字俄十六里即中國三十二里至白稜河口十七里即中國三十四里其非在原立之處爲俄人所私移確無疑矣

喀字界牌

在白稜河口興凱湖西北快當別地方畢姓門前據閻啟瑞訪畢姓云先年分界在此西南約五十里有西來入湖之長流名勿邑七河爲共有水經甯古塔副都統設有卡倫被俄人將駐防者拘留於紅土岩備文索回後遂無人問津矣光緒十三年吳大澂勘界豎此碑於現在處與俄人遂有以白稜河爲界之說查此水無非一溝僅十餘里由西北來入湖迤西無水處俄人任意侵越二十二年此處尚無快當別屯有民人楊永芳網魚於

此界牌下被俄人奪魚驅逐經畢姓代訴俄雙城子審判得直今楊永芳仍得網魚於此界牌下故此牌亦得存於今日矣

亦字界牌

在松阿察河口

耶字界牌

在綏遠屬烏蘇里河口據土著老黑津人稱咸豐十年曾立有木牌伯力銅人下自吳大澂勘界又豎耶字牌於伯力對岸約失二十餘華里後歷經俄人擅移光緒二十一年又移至通江子東岸此時烏松兩江間周圍二百餘里之土地已非我主權所有如漁獵樵採等事皆爲俄人納稅矣三十三年又移至通江子一小流名倭七河者爲共有界使通江子南段江權盡歸俄人掌握查此江爲我國松花江入烏蘇里江必由之路自失此江權之後凡我船過此江者彼或扣留或罰金或課税一一聽命於人使烏蘇里江名爲共有實爲俄獨有也案咸豐十年以前伯力尚屬我國故界牌在此現在隔烏蘇里江遥對俄蛤雜克維次屯亦名二站查此處形勢彼岸高山此處乃爲低灘日後如有沖刷之虞俄人又必有代爲移置之詞據光緒三十三年俄伯力總督咨覆我國以該江隄岸被水沖刷代爲移置無少危處等語吉林交涉司尚有案可查

第五章　種族

吉林爲滿洲舊居其土著以滿洲人爲最多此外則有漢軍蒙古咸同以後始漸有漢人流寓於此蒙古漢軍中又有新舊之分滿語謂舊爲佛新爲伊徹一作異齊又作伊車開國時編入旗者爲佛滿洲內又有貝國恩布特哈之分貝國恩滿語爲戶乃協領佐領由京師補放子孫遺居立戶於此也布持哈滿語爲獵乃舊在白山一帶漁獵爲生者也伊徹滿洲內又有庫雅喇之別庫雅喇非一姓一族有以庫雅喇爲姓者有庫雅喇人而別姓者與伊徹滿洲實截然二項庫雅喇居甯古塔以東淸初征服入旗伊徹滿洲居三姓烏蘇東西里人旗亦在庫雅喇後三者皆滿洲者也蒙古亦有新陳之分順治九年以前編旗者皆陳蒙也九年以後入旂者則爲新蒙古漢軍則編入滿洲鑲黃正白兩旗者皆爲陳漢軍其後安置者則爲新漢軍滿洲八旂與漢軍界限甚嚴飮食坐臥均不能在一處出軍則漢軍備充前敵駐紮則別爲一管官階祇就漢軍中升擢不能與滿洲八旂攙越其歧視如此又有併入鳥槍營則由台站水手營閒散官莊打樺皮壯丁揀選充也台丁者當邊台査邊及設立棚壕差使站丁者當驛站馳送文報差使壯丁者當官莊種地打樺皮差使水師營則於順治康熙間造船之役揀選各丁人爲之故於蒙古滿洲漢軍之外又有各丁之籍至康熙乾隆後又有盛京旂人及盛京兵部工部內務府之莊丁王公宗室並旂下家奴來吉耕種乾嘉道年間

又有京旗之移駐屯田今旗籍之務邊業者蓋即此種人當時禁令甚嚴內地人私入墾闢者皆號爲流民乾隆三十四年在阿勒楚喀拉林地等地查出流民二百四十四戶俱自雍正四年至乾隆三十二年陸續存住者盡驅至伯都訥地方每戶撥給空甸一具令入籍墾種是爲漢民入籍之始嘉慶五年復查出郭爾羅斯地方流寓內地民人二千三百三十戶均係節年租地墾種因爲劃清地界並設立通判巡檢各一員彈壓即今長春府等地也其後漢人移殖者益衆雖經歷代諭禁亦不能止大抵以山東直隸二省人爲多光緒八年吉林將軍銘安遂奏請添設賓州廳五常廳敦化縣且採用分巡道吳大澂議於吉林邊境設招墾局於是漢人移殖者益衆及俄築鐵路招來山東工役之人愈復繁盛其久住或土著者約居十之六七而漢人之外又有回人大抵皆以商販隨漢人流入者其邊境臨江富錦依蘭密山甯安又有赫哲之舊種族其近朝鮮境如延吉濛江和龍等屬又有歸化之韓人以延吉一帶爲尤多此吉省種族之大概情形也

滿洲八旗氏族甚繁其姓氏最著者曰瓜爾佳氏費音東之後曰鈕祜祿氏額亦都之後舒穆祿氏揚古利之後那拉氏扈倫葉赫部後今伊通境棟鄂氏世稱順治帝祝髮於五台之清涼山原因於一女即棟鄂后是也輝發氏扈倫輝發部後今奉天輝兩廳西北馬佳氏圖海之後伊爾根覺羅氏費安古之後出姓乃另爲一部族與覺羅各別如蘇蘇覺羅西林覺羅皆非清廷之同部但有扈爾漢一部從其父扈喇虎率屬來歸本姓佟氏賜姓覺羅以上八氏尙選公主不出乎此餘則完顏氏等二百九十餘姓其希姓則有

精吉氏薩爾都氏等三百四十餘姓又滿洲旗內蒙古姓氏有博爾濟吉特等二百三十餘姓又滿洲旂內之高麗姓有金韓李樸等四十三姓又滿洲旗內之漢軍有張李高雷一百六十餘姓其姓字大抵係滿音譯成以別漢族前清季年許滿漢通婚姻化除種族界限然言語隔閡則情意難通姓名睽殊則習尚亦異今則漢軍俱復舊姓即旂族亦各冠漢姓五族一家共趨大同十年以後絕無滿漢名義矣

甯古塔之東北海島一帶唐書所云少海之北三面阻海人依島嶼散居有魚鹽之利者人有數種鄂倫綽其一也在近海之多羅河强黔山游牧其人男女皆披鬚跣足以養角鹿捕魚爲生所居以魚皮爲帳性懦弱

奇楞部性强悍以捕魚打牲爲業男女衣服皆鹿皮爲之無書契其土語謂之奇楞話

庫雅喀部男薙頂心以前之髮而蓄其後至肩即截去草笠布衣綴紅卐字於肩背亦有衣魚皮者性好鬬出必懷利刃婦女幼時即以鍼刺脣用煤烟塗之土語謂之庫野話

費雅喀部沿海島散處以漁獵爲生男女供衣犬皮夏日則用魚皮爲之性悍好鬬出入常持兵刃

恰喀拉部散處於琿春沿東東海男女俱於鼻傍穿環綴寸許銀銅人爲飾男以皮爲冠布衣跣足婦女則披髮不笄而衿衽間多有刺繡紋其屋廬舟船俱用樺皮俗不網罟以叉魚

射獵爲生性游惰無蓄積土語謂之恰喀話

七姓部性多醇樸地產莜麥雖知耕種而專以漁獵爲生遇冬月氷堅則足踏大板溜水而射其婦女亦善伏弩捕貂衣帽多以貂爲之土語謂之烏迪勒話

黑津部名目不一有薙髮不薙髮黑斤自阿吉大山以上沿松花江兩岸居者通稱黑斤即赫哲部也其男皆薙髮亦呼短毛子女未字則作雙髻已字則爲雙辮鼻端貫金環婦女用布一幅曰勒勒自喉至膝下寬以蓋兩乳爲度腰以上翦色布或魚皮爲花貼之腰以下用銅片圓徑一寸及二寸許者共二十餘枚各鑿雲紋孔呼曰空盆以次垂布上富者川纏貫珠貧者貫銅叩繫勒勒於頸後走則丁冬有聲喜用紫色袖口束以花帶足著魚獸皮烏喇自膝至踝亦翦色布或魚皮爲花下連烏喇男人多戴耳環無文字削木裂革以記事不知歲月間年則數食達巴哈魚幾次以對夏捕魚作糧冬捕貂易貨爲生計其俗能知親愛敬禮子弟或遠行自外歸皆右執壺左捧杯請父母兄嫂坐依次跪進一巡再酌則父母兄嫂僅各一沾唇令子弟自飲親戚往來以抱見爲禮親喪則子翦髮尖夫喪則妻纏白布衣藍褸聘娶男携酒壺入女家先飲後議銀上者以綢緞羔皮代次者以布女與父母俱允即同宿一夕再約期送女不親迎無論冬夏生子皆用冷水沐浴自阿吉大山順松花江西北行至黑勒爾地方沿江兩岸居者通呼長毛子謂之不薙髮黑斤風俗習尚與薙髮黑斤同惟

言語差異男不薙髮垂辮以弄熊爲樂遂與薙髮黑斤爲兩類夏航大舟冬月氷堅則乘冰牀用犬挽之故稱爲使犬國其土語通謂之赫哲話

以上諸部其源流支系已無可徵僅就往史述之聊存參攷今則均已歸化惟赫哲部尙仍舊習即俗所稱爲魚皮韃子是也此種人性最愚蠢每苦不諳交易往往藉山東人爲經營故一魚皮韃子家恒用一山東人名曰山東棒子亦謂爲管家人財產悉爲所握並佔其妻亦不爲怪其人食魚火毒最重身有膠臭最患天痘據云清初時即有四百餘戶在臨江富錦一帶三百年來仍不加增蓋是種人患痘獨烈易有夭折也

吉林彙徵

第五章 種族

第六章　風俗

案吉省風俗與內地絕異雖經高麗之統治渤海遼金之崛起中原肅愼舊俗尙難革除自前淸改建行省後漢民漸次移置滿洲人民稍有合同而化者其間如赫哲蒙古尙甘自樸陋何也政教之失於治也久逸惰之中於習也深其心思智識皆相安於謭陋難以家喻而戶曉矣夫禮教者風俗之本而法律又政治之原也歐洲各國以禮歸於宗教法歸於政治雖宗教之勢力漸衰而政治之範圍乃愈廣是故風俗之優劣關於公衆之治安者可以法律治之關於私家之道德者不可以法律治之而其能濟法律之窮者則又恃有教育吉林民智初開文化未能普及爲今日計宜以教育代宗教取宗教之精神納諸教育於冠婚喪祭飲食日用酌予變通善者導之敝者革之惡劣者嚴禁以防之敗壞者因勢以救之迷信之儀式虛憍之繁文必與湔除編簡易白話隨時頒布更遍設鄉約多方講演斟酌損益參之以禮條舉利害動之以情以去窳敗頑固之舊習民間耳目使之一新而又能持之以恒行之以漸化民成俗其庶幾日起而有功乎編風俗類因述此意以告當世焉

第一節　滿漢婚禮之異點

婚嫁無定制以東三省爲最惡習古者三十而娶二十而嫁其制最當三省男女每在十四

五歲即已成婚有害於身體與智識學術生計莫此爲甚其聘金無論貧富所在皆有富者固無論矣其貧賤者禮物不求過多聘金需吉錢四五百串是故婚嫁之費中人之家約吉錢二三千串照合銀約四五百兩往往有貧寒力不足婚娶則壻至女家就婚者謂之倒找門如女家無力作嫁則於聘禮之外多索聘金以爲嫁資謂之養聘錢以至上品之族因愆期而多怨曠下流之民起爭端而成攘奪此爲三省最大惡俗至聘禮納采昏期行親迎禮與內地常俗大致相同惟合巹禮後女家戚黨偕至謂之送親午膳後女之弟姪輩延壻升炕食水角謂之管小飯出堂同壻祀竈拜舅姑及族黨姻戚畢婦家備酒肴延壻及婦並舅姑尊長等再食侑以鼓吹謂之管大飯宴畢壻即席前拜女族親長各以金銀品爲賜如娶繼室前妻母家亦如之日暮入洞房伸麪爲條曰長壽麪次日壻家尊長姻婭咸集引婦拜見之分大小亦各以金銀品物爲賜婦以女紅分獻翁姑及尊長謂之散箱又次日姑嫜引拜祖祭墓猶有三日廟見遺意也嫁之日親舊男婦各數人從曰新親嫁之次日親舊仍往曰裝枕頭數日後迎壻及女至家享以盛饌曰回門匝月後迎女歸曰住對月此各屬漢人之通行昏禮也至滿蒙婚禮則與漢人異者在未嫁前男家帶壻詣岳家納来行裝烟叩頭禮婚亦親迎壻家室門外支布爲帳帳內設短几婦及門先進帳房男女分東西向交拜合巹起男挽女袖繞几三匝理女髮易笄而髻謂之上頭出帳房男女向長者行跪拜禮男女

侍立門右裝烟肅客云

第二節　喪葬特別之禮俗

喪禮夜革後子號哭擗踊去冠婦女去笄喪主婦使子弟護喪事治襲殮之具訃於戚友踰時奉湯及巾櫛入婦女出婦喪則男出沐浴仕宦按品具衣冠帶舄庶人亦袍靴纓帽女則衣青藍素綢服無緣飾不論寒暑襲衣皆綿含尸以銀屑三已襲幃堂殮尸於床當日成服子衰絰寢苫枕塊於床側五服之親各服其服擇入歛之期不出三日及殃煞起落曰開殃榜届時執事者以棺入棺內奠七星板藉褥施錦衾垂其裔於四外奉尸入棺喪主以下憑棺哭踊盡哀乃蓋棺加錠施漆棺殮之日親朋具香楮來弔喪家札青白彩具飲食欵之午後送靈於土地祠鼓樂前行次則執事僧道祭品札彩又以紙繪爲冥具執刑杖棒香爐者各數人以青紗輿簁舁靈位男女孝服以從戚友亦至曰送三三或作山以其送葬於山也俗例病者氣絕時即焚紙車曰倒頭車駕車者男札馬女札牛滿人院中豎旛竿漢人門外掛紙旛如死者歲數曰過頭紙送三之日束草帚象尸掃過頭紙附帚上孝子負於背繞棺呼號出門詣土地祠扶帚於椅媳女輩持梳櫛舉鏡奩自帚作理髮照面如生狀孝子升高而呼曰上西南大路以帚加札彩焚之延弔者向火舉哀致奠閱六日爲迎七昏暮設祭於烟筒下合家哭拜名曰上望每七日舉祭禮焚楮設奠擇期發引殯之前三日爲展弔門內

外高建樓棚設鼓樂札彩先一日成主家祭安葬日出大扛三日復往負土培墳日圓墳滿洲舊俗不奉木主亦無銘旌於院中立桿掛旛每日叩奠三次而已

第三節　滿洲祭祀

滿洲每逢春秋祭祀前一日以黍米煑熟搗作餅曰打糕糕薦享後以食合族及親串此猶寓古者酢賜之意有祭星祭祖獻牲於神前名曰阿瑪尊肉撤燈而祭名曰避燈肉祭肉不出門惟避燈肉可以饋親友祭時族人戴尖帽如兜鍪緣簷綴五色紙條下垂蔽面外懸小鏡二如兩目狀身著布裙徧繫銅鈴繫鼓而舞口誦吉詞衆人繫鼓相和曰跳家神此外又有跳大神蓋以治病類神巫也次日祭院中桿以猪腸及肺肝生置於竿頂之碗中以祭烏鴉用猪喉骨貫於桿梢再祭則以新易舊而火之祭之第三日曰換鎖換鎖者換童男女脖上所帶之舊鎖也其鎖以綫爲之

滿洲祭桿以肉飼鴉蓋由其先祖名范察者逃難山谷遁於荒野幾爲追者所獲會有神鵲止其首追者遥望鵲棲處疑爲枯木中道而返乃得免隱其身以終自此後世俱德鴉誡勿加害焉其桿名挲臘竿蓋其先人入山挖葠用以披草芥而備捍獸者桿之項有圓碗式揷之於地就碗以貯食物食餘招烏鴉飼之今旂人祭桿並置猪腸肝於桿頭碗中猶是當年飼鴉意也八旂內室供奉神牌只一木版並無一字亦有用木龕者室之中西壁北壁一龕

凡室南向北向以西方爲上東向西向以南方爲上龕設於南龕以黃雲緞爲簾帷亦有不用者北龕上設一椅椅之下有木五形若木主之座西龕上設一杌杌之下有木三春秋擇日跳神其木則香盤也以香末灑於盤上燃之所奉之神默謂觀音伏魔大帝土地也故用香盤三

第四節　風俗雜誌

人民居住多仍舊俗土房草屋比比皆是湫隘卑陋習爲故常屋有起脊有平頂者然院落四周立大木必以板爲障高與檐齊室以內靠壁設土炕或南北二炕或東西二炕或南西北接繞三炕空其東各方面多開窗戶有如炕大者俱從外開其一方面皆窗者謂之明裝每方面僅開中央一窗者謂之暗裝此等形式無貴賤貧富皆然居民有室無堂寢食起居待客均於土炕炕高尺有咫闊高五六尺男女各盤膝坐南爲尊西次之北爲卑夜臥則頭臨炕邊脚抵窗無論男女尊卑皆並頭如足向人則謂之不敬惟妾橫臥其主脚後頭不近窗者蓋因天寒窗際氷霜衾裯爲寒氣所逼故交秋之後則生火於下非此不足以禦寒也

滿洲大燕會主家男女必更疊起舞舉一袖於額反一袖盤旋作勢曰莽勢中一人歌衆以齊空二字和之蓋即以此爲壽也先送烟次獻乳茶終進特牲以解手刀割而食之

元旦於門前植松樹二株上貼桃符張燈彩元宵節以粉餈祀祖張燈彩三日有旱船秧歌

竹馬諸雜劇男女皆艷服出游或步平沙謂之走百病或聯袂打滚謂之脱晦氣二十五日俗稱龍封日各家皆懸獨頭蒜於門前以避瘟疫小兒女翦五彩布爲圖形穿以彩綫佩之名曰小龍尾又食合菜以爲豐年之兆且多於是日作黍飯以祀倉名曰添倉端陽日門懸蒲艾掛葫蘆婦女以彩絲爲帶製五色緞製荷包葫蘆諸小物簪鬢上中秋節陳鮮果供月合家聚食不出外曰過團圞節十月朔展墓祀祖謂之送寒食除夕焚冥資於巷口曰燒包袱祀竈日供糖糕謂之過小年前後數日人家以肉糜包水角以糖包麪蒸糕曰蒸餑餑與魚肉肴蔬足儲半月之食

松花江十月杪即凝堅氷名曰封江城南沿江岸旅店至冬乃鑿氷立柵於江中以作市廛貯野凫山雞獐麅鹿豕之類居人購之作度歲之饈儼然一市埠焉

東三省素產菸酒自縉紳之家以及農工下級勞動者無不有煙酒之癖其嗜烟尤甚雖髫年女子行路亦以長桿烟袋攜於手中其俗以送烟爲敬客故男女老幼無不嗜者

吉林背山面水宜於漁獵向無公司之聯合又無區域之限制故營其業者大半屬於農民兼業惟臨江之赫哲人漁獵則經官允准其餘漁業中有納魚尾或網底稅者要皆爲旗官管轄亦無定例採珠打牲吉林五常敦化之屬則有禁令平民不得私業事由烏拉總管衙門經理設有專役皆屬滿人密山之採珠打牲多屬魚皮韃子新城延吉賓州多屬旗人濛

江方正多屬漢人臨江多屬赫哲人長嶺多屬蒙古人漁獵器械約有十種曰漁網曰釣竿曰漁叉曰擋亮子曰氷川冬至凍合用氷川兩口距離約數丈漁者攜網具赤身縋而下由此逕穿彼口復牽網縋而上舉網得魚此爲冬令取魚之法以上六種爲漁具曰槍曰捎鉤曰壓排子曰枷子以上四種爲獵械均沿用舊式惟近今吉林依蘭濱江臨江敦化長壽各處於獵械多改用外國新式槍彈然究非獵業中之特別品也

吉林地處偏僻精於方伎者少懸壺市上賣卜街前大都外來者多有醫業而兼設藥局者名曰坐堂聲價稍高次則有一種游食之民手懸招牌背負藥囊游行村市沿門售技者曰散醫鄉屯常見之巫業多屬娼人其方法則繫鼓搖鈴蹈舞申禱於神前俄而代神宣言名曰神附其身延巫之家或因疾病或因邪祟有所祈禱巫以符水藥餌等物治之此風迷信者頗多亟宜禁之

北方花會亦博戲之一山東直隸皆有之而吉省尤甚其爲害鄉愚無老幼男女無不沈迷近年雖經官署之嚴禁山盤水匼此風猶不能免其中情形多不可解茲就土人所言述之其會分三十六門每門俱有姓名亦有數目係以職業如林姓中有林太平者皇帝也陳姓中有陳吉品者狀元也如劉井力係漁夫趙天申係樵童蘇青雲係婢女周青元係寡婦之類蓋三十六人名別其行業與歷史凡有六盜六女二童子各等之稱說如婢女寡婦及六

女中之二也所著姓氏皆著望南中關外殊少推之百年前則並無漢姓莫諳其原始何時顧與委巷中人語詢現在某官姓名何茫十九者如任舉花會中人名一人無不了了更言其行業關係者博者孤注一博進之可獲三十倍日開一次或二次博局主人掣籤揭視則大呼某門中彩往博者先以紙裹錢自書所押注何名一一懸於博場博主懼邏者偵伺日遷其處或婦女以道遠勿能至故必有奔走爲撮合名曰跑封常人一入此彀輒神魂顛倒晝占巫覡夜占所夢至傾家而後已因是佹得佹失迷信愈深其家必供一神朝夕禱拜胡三太爺之淫祠所以遍於通省者此耳

結會聚衆以邪說煽惑愚民者有黃天道教及在禮會之兩類黃天道教勸人以持齋念佛愚民迷信者多心醉之其會有老爺會首之目隨處結會向無定所顧其底細外人亦難知其詳在禮會託以禁烟戒酒爲宗旨又有五句眞字之秘受其會亦無定所隨地約日坐壇謂之坐日子入會者各納市錢二緡謂之奉日子錢黃天道教不見有口號道標幟入在禮會者其口號彼此相呼於姓名下各稱爺名曰道親其標幟以灰色帶子繫腰極易辨認入會者以農民及下級勞動人爲多

吉林深山叢林中盜匪出沒時有強刦行旅者有戒心焉統名之曰紅鬍子立說不一有謂匪人常戴假紅鬍以飾眞面目如南方盜賊以色塗面妨人易識也有謂往時土鎗常用紅

布塞其口射擊時紅布以口啣之人遠望以爲紅鬍不知其地爲胡地故稱其匪爲胡匪後人譌以胡爲鬍子耳胡子隱語甚多如擄人勒贖曰綁票不贖則殺之曰扯票膀子爲槍腿爲馬一行一動皆有代詞外人不得而知也

柳邊紀略云十年前行邊外者卒不裹餱遇人居直入其室主者盡所有出享或日暮讓南炕宿客而自臥北炕馬則煑豆麥剉草飼之客去不受一錢他時過之或以鍼綫荷包贈則又煑乳猪鵝雞以進蓋是時俗固厚而過客亦不若今日之多也今則走山者以萬計蹤跡詭秘倉卒一飯或一宿再宿必厚報之而居者皆巧於計利於是乎非裹糧不可行矣然宿則猶炕炊則猶給樵蘇飯則猶助瓜菜尚非中土所能及

邊外文字多書於木往來傳遞者曰牌子以削木片若牌子故也存貯年久曰檔案曰檔子以積累多貫皮條掛壁若檔故也然今之文字書於紙者也呼爲牌子檔子蓋前清時多沿用滿洲舊名也

生子三日浴兒親友餽以雞子麵食曰送粥米彌月親友各携繡績兒飾相賀曰滿口小兒一月後下搖車所謂搖車者以節板圈做兩頭高中凹每頭兩孔內外用綵畫墊薄板懸於梁上離地數尺或懸炕上繫之以鈴縛小兒製其中使不得動哭則搖之口念巴不力

明妃出塞馬上琵琶近惟蒙古之郭爾羅斯前後旗婦女多能於馬上彈之他處則不及見

也其琵琶較常用爲稍大至羌篴胡笳篳篌腰鼓蘆管方響箏笙大鼓拍板之類今則僅箏笙大鼓拍板尚有之餘則不習見焉至腰鼓篳篌等樂中國失傳日本婦女多有能之想亦由中國輸入也

士大夫家於冬日喜作氷燈以礬水凝雪成氷鏤八仙觀音等像於薄紙片裁以作燈夜燃竹放光幾如刻楮之亂妙不可階能久至二三月方解又有糠燈俗名霞棚以米糠和水順手粘麻楷逆則不可燃曬乾長三尺餘插架上以三岐木爲架鑿空其端横糠燈於中或削木牌鑿數眼於上懸之梁上光與燈相等

童子相戲以獐鹿等獸蹏骨用錫貫其竅或三或五堆地上擲之骨一具四面不同擲以四枚視偃仰横側爲勝負各得一色則爲四色全中者盡取所堆以去不中則與堆者一枚其用圓薄石擊之則曰帕格又曰羅丹

耙犂用轅木作底立插四柱高三寸許上穿二横木或鋪板或搪木坐人拉運貨物皆可用前轅上彎穿以繩套二馬服駕輕捷過於車若馳驛更換馬匹氷雪之地可以日行三四百里並有作車棚於耙犂上設旁門套鹿皮圍謂之暖耙犂

滿洲舊俗向用遼金語故其稱父曰阿馬母曰葛娘大伯曰昂邦阿馬叔曰曷克赤子曰濟女曰又而漢濟甥曰濟頒即哈夫曰愛根妻曰又而漢男人曰哈哈女人曰赫赫兄曰阿烘

弟曰多嫂曰阿什姊曰格格妹曰那小厮曰哈哈朱子了頭曰乂而漢朱子年高者曰馬發朋友曰姑促好曰山音不好曰曷黑吃飯曰不打者夫吃肉曰烟立者夫吃酒曰奴勒惡米吃燒酒曰阿而乞惡米讀書曰必帖黑呼辣米射箭曰喀不他米書曰必帖黑筆曰非墨曰百黑紙曰花傷硯曰硯洼金曰愛星銀曰蒙吾錢曰濟哈水曰目克木曰木土曰鼈烘火曰托炭曰牙哈有曰畢無曰阿庫是曰音喏不是曰洼喀富曰拜央窮曰呀打人曰亞馬坐曰突立曰衣行曰弗立米走曰鴉波睡曰得多密去曰根吶蜜來曰朱要曰該蜜不要曰該辣庫小曰阿即格大曰昂邦買曰烏打蜜賣曰溫噠蜜兩曰央一曰曷木二曰朱三曰衣朗四曰對音五曰孫査六曰倿我七曰那打八曰甲工九曰烏衣十曰壯百曰貪吾千曰銘牙萬曰土墨貂皮曰色克人蔘曰惡而訶打小船曰威呼籠突曰呼蘭耙犁法曰喇楡梛小弓曰斐蘭匙曰賽斐擱板曰額林木箭曰施函坧廧所綴麻曰拉哈糠燈曰霞梛紙曰豁山鹿蹄踠骨戲具曰羅丹樺皮房曰周斐皮鞋曰烏拉烟囱曰摩呼耶紅曰富勒佳哈黃曰蘇延斡黑曰薩哈連白曰珊延獸曰堪丹牛曰依罕驢曰愛罕騾曰瑚蘭山羊曰尼滿熊曰勒富耆狠曰鈕赫猪曰烏勒閒狐狸曰小多壁烏鴉曰噶哈鷄曰錫勒們雉曰烏勒呼瑪鴿曰科齊克鷹曰拉呼塔蝴蝶曰敦敦魚曰尼瑪瑚小魚曰尼石哈鴨曰聶赫豆曰圖哩草曰富赫舍庫麻曰奇穆尼葫蘆曰呼倫生菜曰納穆野菜曰塞珠倫山崖曰聖音陡崖曰固拉庫山陰

曰阿嚕路曰札穆圖大曰安巴小曰阿濟格圓曰穆哈連扁曰哈勒費延趴曰克卜特水曰穆克河曰畢喇大河曰昂邦畢拉細流曰畢拉罕溝曰烏蘭渡口曰多觀正面曰奇音橫曰哈圓潔淨曰博勒和不淨曰納恩圖以上第就滿洲現時之沿用語錄之以存舊俗其他如山川地名及日用語尚多不能備載茲特記其一隅耳

第七章　地產

第一節　礦產

案吉林礦產向稱宏富其礦質五金與煤俱備統計全省金礦四十三處銀礦五處銅礦三處鐵礦五處錫礦三處鉛鋅鈔礦四處水晶礦三處其最著者爲夾皮溝及甯古塔三姓琿春等處之金吉林之煤天寶山之銀黑石鎭之銅鉛外人艷羨著爲論說自光緒季年開辦甯古塔蜂蜜山等處之金礦時開時禁天寶山富太河之銀銅礦曾經開採現亦封禁甯古塔蚱子窩營盤溝等煤礦二十餘處商民開採尙未發達其中尙有幾經交涉者如杉松官街頭道江各煤礦夾皮溝甯古塔琿春各金礦依力嘎之石山等曾與俄人交涉石牌嶺天寶山等處又與日人交涉有與我定約開採亦有逕行開採者漫藏誨盜經訓有徵地寶不興强鄰虎伺邇者日方垂涎於南俄人經營於北兩國調查驛使相望於道而我之富力蘊厚聽其秘藏貨棄於地殊爲可惜玆就前人所已經調查礦產地點錄列於後

金礦　吉林夾皮溝三五道火籠五道霍羅八道河輝發河　伊通牛拉山門　磐石窩瓜地當石河墻縫樣子溝扇車山駝佛鼈　樺甸樺樹林子　賓縣烏吉密一面坡黑龍宮延吉西二道溝西三道溝西南灑金溝七八道溝汪清溝東三道溝柳水河子涼水泉

子西北岔香房溝東四道溝蜂蜜溝天寶山　東甯小金山萬鹿溝小綏芬馬家大營牡丹江右岸　依蘭二道河子楸皮溝黑背　樺川樺皮溝　同江太平溝石門子　密山南綫毛老綫毛楊木岡

銀礦　吉林柳樹河子呼隆川石咀子　伊通九台子　延吉天寶山　依蘭樺山子

銅礦　吉林富太何朝面山　磐石黑石鎮

鐵礦　吉林牛頭山大猪圈　伊通影壁磖子納袄子　延吉稽查處

錫礦　吉林呼隆川　磐石半截河　延吉天寶山

鉛銻鉍礦　吉林大尖山呼蘭川濫泥溝　磐石黑石鎮

水晶礦　吉林西石磖子石道河帽兒山

煤礦　吉林啞叭溝濫泥溝泥球溝乃子山杉松屯沙河子小河台歪石磖子通氣溝台子溝二道河子分水嶺荒山子葦子溝鍋盔頂子長嶺子輝發河半拉窩雞溝公郎頭紘子溝柳樹河子高家燒鍋半截河子　長春四道溝石牌嶺陶家屯大頂子　伊通影壁磖子半拉山門放牛溝四台子四角山磨礪　磐石呼蘭川花曲柳岡　樺甸樺樹林子賓縣團山子大青山高力帽山大溪河好石林子老山頭老龍山雙陽山大石嶺西烏吉密東烏吉密　同賓一面坡　五常太平河缸窰林子　延吉老頭溝頭道溝稽查處凉

水泉子石頭河　琿春東關門嘴子　東甯大烏蛇溝佛爺嶺　依蘭滴道山巴蘭川

第二節　物產

案吉林接長白山之蜿蜒迤邐松花江之渾灝汪洋山川鍾毓發爲物產之菁華良材巨木葱蘢蔽日金穴丹砂蘊藏孕富山深林密野獸羣棲於其中江河橫流魚鱗游泳於其下地大物博久爲林農漁獵之盛區其樹木以椴松楊柳爲最盛楡樺柞楛棘楸杜杻皆極有用之材其餘山禽野獸凡鷹雕鵲鶻虎豹熊鹿等類隨處皆有皮革中之上品如貂狐猞猁鼠獺皆極珍貴至魚產以松花牡丹圖們等江流產魚最富亦以鱘鰉牛魚鯨魚爲最大而鱸鯉鱖鯿鯖鯽味爲特美他若重唇縮項倒鱗之異發祿哲祿赭祿之同船釘剪頭喇咕之細黃花黃鲴鳥互路達發哈之殊以及鰱鱧魴鯊鯇鰷鮎鱯鮠鱮鯢鰲種種更僕難數然沿江一帶產魚雖多尤莫盛於興凱湖湖與烏蘇里江通當冰泮後湖魚順流而下又貫入旁通之穆稜撓力等河立秋折回沿岸漁戶橫河樹木柵以堵截謂之擋亮子凡檔亮子者皆須領票納稅方可准設凡沿松花牡丹兩江支河皆有之近烏蘇里江之東遂爲俄人壟斷其利焉

夜光木　古木根莖所化夜視有光遇雨益明移置室內通體皆明白如螢火迫之可以燭物以素甆貯水投之火光澄澈殆夜光苔放木光之類歟

樺 皮斑文色殷紫如醬中豆瓣故曰樺醬瓣狀似白楊皮似山桃有花紋紫黑色可裹弓及鞍鐙諸物山中皆有之而嫩江混同江之間尤多烏拉有樺皮屯設壯丁採皮亦可作箭竿其木癭紋極細夏間剝其皮入汙泥中謂之糟糟數日乃出而曝之地白而花成形者貴特設樺木廠有章京有筆帖式有打樺人每歲打樺皮入內務府遼東樺皮遂有市於京師者有以樺皮作船大者能容數人小者挾之而行遇水輙渡游行便捷又以樺皮蓋窩棚並有剝薄皮紉綴爲油布大雨不濡

椴 葉大黑皮紋細微赤者曰紫椴人蓡生於其下王漁洋池北偶譚載高麗採蓡贊云三椏五葉背陽向陰欲來求我椴樹相尋椴音賈葉似桐質白者曰穅椴其皮可製繩引火鎗軍中需之椴類銀杏可爲器其皮可代瓦浸水久之可索綯又有一種白椴木葉大如團扇初生時可蒸冷淘霜後則鮮赤如楓其皮可治繩爲魚網之用烏喇網大魚常用之

香樹 莖直叢生花黃長白山最多可焚以祭神土人取作香生近山崖者有節名竹根香根往年作箭鮑頭安春香生山巖潔淨處高一尺許葉似柳葉而小味香可供祭祀長白山所產尤異常香俗呼爲安息香又七里香枝葉似安春香葉大而厚惟產於長白山他處不見

六棱木 枝幹皆六棱最堅實

暖木　或云即黃蘗木皮溫厚可墊鞍鐙心及包弓靶細者可爲鞭桿又烏拉出小暖木形類杉松木質尤堅

楛　一名雉尾荆色赤可爲矢世傳肅慎氏楛矢或即此據楊賓柳邊紀略云楛木長三四寸色黑或黃或微白有文理非鐵非石可以削鐵而每破於石居人多得之虎兒喀河相傳肅慎氏矢以此爲之好事者藏之家非斗粟疋布不可得楛矢自肅慎氏至今凡五貢中國勿吉室韋之俗皆以此爲兵器或曰鐵鏃或曰楛砮歷代史傳言之娓娓余所見直楛耳無有所謂鏃與砮也按滿洲源流考引元威輔遼東志略云肅慎東北山出石其利如鐵取以爲鏃即石砮也而楊賓以爲楛木蓋誤以石砮爲楛矢耳

榛　樹低小如荆叢生開花如櫟其實作苞三五相黏一苞一實生青熟黑殼厚而堅仁白而圓香美甲於他省

凍青　寄生樹上葉微圓子赤凌冬不凋青葱可愛

草荔枝　叢生朱顆味甘似普盤而無子內地所無烏拉間則有之

烏拉草　出近水處溫輭細長三稜實其中擿而撻之以木椎數十下則輭於綿用以絮皮鞋內雖行氷霜中足不知冷諺云吉林有三寶人葠貂皮烏拉草又名護臘草履也塞路多石磧復易沮洳不可以履縫革爲履名烏喇烏喇堅足不可褁澤有草柔細如絲草無

名因用以爲名

鷹 遼以東產鷹自東海來者謂之海東青遼人酷愛歲歲求之女眞至五國戰鬭而後得甯古塔尤多每年十月後即打鷹總以得海東青爲主鷹生山谷林樾間視其出入之所繫繩張網晝夜伏草間伺之又有蘆花鷹極貴重鷹純白爲上白而雜他毛者次之若得色純白者必送之內務府海東青身小而健其飛極高能擒天鵝搏兎亦俊於鷹鶻鵰皆有窠巢多緣峭壁爲之人不能上惟海東青從未見有巢輟耕錄海東青羽中虎也品能制之羣集緣撲即墮以小制大物性往往如此猶黃腰啖虎之類也李太白詩翩翩舞廣袖似鳥海東來蓋東海有海東青俊鶻白詩言其舞如海東青也

鵰 似鷹而大色黑出甯古塔諸山其品不一上等黑者曰皂鵰有花紋曰虎斑鵰黑白相間曰接白鵰小而花者曰芝麻鵰羽宜爲扇鵰之大者能捕麞鹿山中間有之翅若車輪爪同鋒刃雙眸噴火長喙反鉤颺風有淩雲之志鷙鳥之雄也

雉 黑水靺鞨俗插雉尾爲冠飾近時俄婦人仍效此粧椎俗呼野雞遼東野雞頗有名惟吉林之野鷄最肥油厚寸許出獵秋間號打野雞圍

沙雞 似雉而小脚有毛爾雅謂之鵽鳩俗呼沙半斤亦名樹雞多出林中不在沙漠之內土人所謂飛龍或即此也

虎　喜跳盪故多居深山叢林中不常見土人多諱言之曰山神莫之敢攖也又稱老媽子白質黑章者尤猛摯虎晝伏夜行獵者恆蓄犬獵犬不畏威聞虎嘯則驅虎前而吠嗥虎怒逐之將及犬則匿於林再驅虎再奔再匿虎去已遠其犬乃歸獵者捕虎總在冬令以其毛氄厚始有價值也每於雪中伺虎行跡虎前行必尋舊路歸獵者輒於路張機其法橫繫一銅綫一端曳於引滿之機關弓架入銃機虎觸之彈發恰中其前胸既負傷輒奔越數里按其血跡追尋乃就斃所而後敢取焉

豹　似虎而小白面團頭色白者白豹黑者曰黑豹文圓者曰金錢豹最貴重文尖長者曰艾葉豹

豺　足似狗瘦如柴摯猛善逐獸獵者畏猛獸恆作嘯聲呼豺至啖以乾糧繞其居遺溺而去豺溺最羶百獸皆畏故聞之俱引避也豺性最慈仁而世以豺狼並稱殆未能識其性也

狼　吉省到處皆有惟東北諸山之狼皮爲最厚蓋其地氣候嚴寒故也以皮毛青白者貴可爲坐褥性最險能出人不意故人皆避之

熊　大者爲羆小者爲熊熊各處皆有羆惟盛京吉林始有之他處所無俗呼爲黑瞎子以其目甚小睫毛厚而易蔽也有馬駝狗駝二種其實即羆熊也馬駝高四五尺重千觔狗

駝高二尺餘重亦五六百觔性悍而有力馬駝常與虎鬭胸腹有白毛者爲最悍力能拔樹亦能升樹每端坐樹上用前掌折樹技壓於股下有時樹折墮地則矗立狂嘯如人笑聲獵者恒畏之不食肉入冬則蟄伏洞中俗曰墩倉在樹窟爲天倉嚴洞中爲地倉終日舐掌若以療饑或云熊性愛掌平時在砂石行走冬後不能行故日以牙嚙磨礪洞中氣燚蒸薰霜雪中一望而知獵者恒於洞中射殺之性最憨生犢必兩懼獵者偵其穴一日輒數移焉熊攜子過河不論深淺必先覓一石壓其子已乃偕其一過河登岸又覓石壓之遂返而相尋覓石取其重大者往往壓斃熊揭石見其子已死復趨彼岸壓斃亦如前輒號呼奔走狠之黠者每伺以果腹當玉蜀黍熟時熊入禾叢中人立而掌掠之且掠且挾於肘肘甚直每挾旋落地禾稼蹂遍肘中終止一黍彼獵者常從望樓中發鎗射之命中與否熊必來將樓推倒凡獸背鎗而走熊迎鎗而撲即彈貫其胸猶能拾泥草自塞其傷狂奔數里乃斃熊膽能療目疾熊掌爲食品八珍中之一熊皮禹貢列入貢品今則不甚寶貴焉

鹿　吉林產鹿最多有馬鹿湯鹿毛鹿合子鹿牡者有角夏至則解牝者無角鹿角鹿頂合燕以北方可車須是未解角之前才解角血脈通好者有人字不好者成八字有髓眼不實者北人謂角爲鹿角合頂爲鹿角合南鹿不實有髓眼不可車北地角未老不至秋時

不車鹿尾亦食中佳品鹿茸以紫茄色者爲上長數寸破之肌如朽木茸端如瑪瑙紅玉者最善

麋　似鹿而色靑黑大如小牛肉蹏目下有二竅爲夜目麋角與鹿角不同麋角如駝骨通身可車却無紋鹿項骨有紋野客叢書麋鹿兩茸性相反麋茸補陽利於男子鹿茸補陰利於女子月令仲夏鹿角解仲冬麋角解鹿以夏至隕角而應陰麋以冬至隕角而應陽故知二者陰陽之性不同鹿肉暖以陽爲體麋肉寒以陰爲體以陽爲體者以陰爲末以陰爲體者以陽爲末末者角也其本末之功用又不同也

麈　吉林所產有鹿形俗呼爲四不象即麈也王會解稷愼大麈孔晁注稷愼肅愼也貢麈似鹿是麈又爲吉林所特產也一名駝鹿色蒼黃無班頸短項下有肉囊如繁纓角扁而闊瑩潔如玉中有黑理蹄能驅風疾其形蹏似牛頭似馬身似驢角似鹿不芻不豢惟食石花奇勒爾俄倫春人養之用則呼之使來牧則縱之使去性馴善走德同良馬竹葉亭雜俎謂其皮可爲半臂衣之愈久則愈厚亦愈輭若爲油衣所污俟其乾揉之仍復如故凡皮見水則硬衣此者若污可加澣濯焉聞此衣油垢既甚可禦火鎗刀鈍亦不能刺入也甯古塔烏蘇里江時有之一名堪達漢

麞麝麕麅　皆鹿類麞即麝無角肉亦可食爾雅麈大麃郭璞注麃即麞麝形似麞一名香

麝喜食柏臍血入藥爲麝香不如滇產高麗人來此取之其法於榛莽隙地架長繩中繫繩圈麝穿過則頸套入繫麝之臍成圓項形割如桃大近今山民恆效弋取之麕色蒼赤形比內地所產稍大味腥皮可禦濕麞毛長犬足皮堪爲履舄

野猪　黑水靺鞨俗編髮綴野豕牙明一統志野猪女眞出今山中有之大如牛形似彘耳稍小上下齒外出而又灣捲利逾鋒刃馳突時猛如虎兕且遇身日襯松油厚有寸許名曰掛甲鎗箭不能入此外又有豪猪身有刺白本而黑端怒則激去其利如矢射人

山羊　生山中似羊而大即羱羊亦名盤羊鹿身細尾兩角盤背上有蹙文善登山皮黑灰色血可治疾又名野羊懸羊類青羊而柔毛過之據本草云山羊即野羊亦即羱羊

狐　皮有黑白黃三種色赤而大夜擊之火星迸出毛極溫暖集腋爲裘立狐出混同江下大於火狐色黑毛煖最貴經年不易得青狐名倭刀黃狐烏稽所產又有沙狐生砂磧中身小色白腹下皮集爲裘名天馬狘皮曰烏雲豹一說狐與貉交生小狐爲倭刀

貂　貂皮爲吉林特產向有貢貂諸部號爲打狐狸部大抵在混同江烏蘇里江兩岸貂以毛根色青者爲最佳曰青鞟三姓以東產之毛根略紫者爲紫鞟高麗奉天產之至毛根灰白名爲草鞟各處皆有捕貂之法設一碓房於深林曠野地方四方釘碓四股每股長周三十里釘碓約三百盤四股共千餘盤其碓式就倒木或伐大樹爲之左右釘五寸高

木椿兩排每排八株中以兩株爲門椿下置活木滚棒碓槽闊五寸許後釘一小椿曰老椿再以丈許徑五寸許之木槓尾刋透谿又於老椿臥槽中槓頭釘一木鉤曰掛鉤左傍樹木有杈用一小木挑杆架於立木杈上將木槓挑起下端縋繩尾繫寸長消息木卡於門椿處之活木滚棒再用兩條細棍壓滚棒於碓槽中曰橋梁後用分厚之薄板兩片曰橋頁致壓滚棒下沈消息木脫出則木槓下落而壓斃矣以寒露節爲支碓期謂之推橋頁霜降後謂之打響草貂踏草有聲善捕灰鼠往往於林中松子熟時伺灰鼠覓食隨後取之而捕貂者亦以是占其蹤迹而兼獲焉至大雪後則又於山深雪地驗貂跡貂晝眠夜出挨樹窾以捕鼠即伏樹窾內捕者負一背兜內插板斧外具硫黃綫扇風等物踏雪地有入跡無出跡者先以樹塞其口用土屑雜硫磺綫燃之以風扇揚烟入窾燻窾口嚴掩使悶斃樹窾中後伐木取出於皮革毫無傷損亦有用網兜並蓄養獵犬嗅較更捷矣

猞猁　猞猁猻即土豹類野貓而大耳有長毫白花色小者曰烏倫格致鏡源云事物紺珠猞猁猻黃黑色皮可裘出女眞

貍

貍　冊府元龜唐開元七年靺鞨獻白兎貓皮居山谷中狐類口方色黃有斑善搏亦曰野

貛　似狗而短體肥行鈍皮宜裀褥形如狗喙如豕足皆五爪毛深熏油能治火湯

貉 狀如貍斑色其毛深厚溫滑可爲裘俗名野馬其皮紋上圓下方寢處其皮者立能解酲設有警急毛輙豎

鼠 吉林所產之鼠有銀鼠灰鼠豹鼠貂鼠鼪鼠黄鼠鼢鼠松鼠等名銀鼠毛皮潔白爲諸鼠之冠灰鼠即青鼠灰白爲上灰黑次之豹鼠即爾雅所謂豹文鼮鼠是也郭注鼠文彩如豹鼬鼠狀如小狐肉翅翅尾項脅毛紫黑脚短爪長尾三尺許鼬鼠一名鼪鼠又名黄鼠狼又名騷鼠其尾高麗人取之以作筆黄鼠契丹志刁約使契丹爲北語詩云密賜十貔貍注形如鼠而大穴居食穀粱肉味如豚而肥今呼豆鼠頭似兎尾有毛黄黑色性好在田間食豆穀甯古塔紀略烏稽出黄鼠食之最佳如有鼢鼠即田鼠形似鼠而大穿地以行松鼠蒼黑色大尾好食果蓏小者不過三寸通身豹文

白魚 廣雅云鮊鱎玉篇鱎白魚鮊一作鯙鮊又名鮍說文鮍白魚也細鱗白色頭尾俱昂大者或長六十尺松花江產者最佳

鱸魚 巨口細鱗四腮與松江鱸魚鮮美無異腹内子大如菉豆味亦絕佳松江鱸魚鮮美久播吟咏松花江鱸魚亦膾炙人口時人謂之側鱸魚

鱘鰉魚 俗名秦皇魚鱘鰉即鱏鰉之誤產盛京最多巨口細睛鼻端有角大者丈許重可三百斤輦以輸京師都人分鱠之目爲珍品遼名色黑麻魚頭大者須一車載之嘉慶前

此物甚賤自京以此骨爲美品魚頭遂不肯售競相晾曬發賣而價亦特貴

烏互路魚七里性魚　二魚皆逆海入混同江黑斤濟勒彌人不知歲月皆以江蛾飛時爲捕魚之候江面花蛾變白蛾時値五月烏互路魚入江青蛾初飛時値六月至七月上弦七里性魚入江其至也三四聯貫逆流而上轟波噴浪勢甚洶洶魚日行可六七百里黑斤人於江邊水深數尺多置木樁橫截江流長或二三丈四五丈亦有作方城形虛一面無樁名曰悶橫平置水面下繫以袋網次日操小舟取之每一悶可得魚數十斤

達發哈魚　甯古塔三姓琿春諸江河有之秋八月自海逆入江驅之不去充積甚厚腹中子大如玉蜀黍取魚曬乾積之如糧一作打發哈子若梧桐色正紅噉之鮮皮色淡黃日光映之若文錦可爲衣裳及履襪又名達布哈魚牙最利含小魚黑斤江面小青蛾再飛時値七月下弦至八月晦達發哈魚逆海入混同江

哲祿魚豬祿魚　似鱸魚色黑味美不腥出甯古塔豬祿魚細鱗魚頭尖色白

發祿魚　似鯿花魚而大色黑夏間最多滿洲人喜食之

縮項魚　即鯿魚縮項穹脊扁身細鱗俗呼鯿花一作魴鬚

重脣魚　即鯊鮀如鯽而狹淡黃色嘗張口吹沙魚長尺餘細鱗如粟金光燦目鱗背上黑點如豆排列成行魚腹一綫中分脊翅後多一輭翅嘴有重脣是魚之罕見者

倒鱗魚 出甯古塔船廠城東龍潭山鱗皆倒生相傳以爲龍種尼失哈站南山上有潭產小魚皆逆鱗人不敢食尼失哈者滿語小魚也

船釘魚 長二三寸大頭闊口黃色有斑見人則以喙揷泥中

箭頭魚 頭尖小如箭

喇㖭魚 蟹身魚尾澤畔石下有之

黃花魚 扁身弱骨雜黃色腹鰾可黏物出東海

黃鯝魚 似白魚而頭尾不昂闊不踰寸長不徑尺土人呼爲黃骨子

江獺 出混同諸江形似狗而小長尾色靑黑亦有色白者獺穴必預度水所不至人以是爲潦水之候混同江尤多

海狗 獸身獸頭魚尾尾連兩短足毛有斑文油能澄水腎入藥名膃肭臍出寧古塔竹葉亭雜記云都城市中有戲海豹者圍以布幔索錢入視其物實魚而狗頭喙若虎四足類鼈黑質黃斑若豹皮長三尺餘其噓如吼與之食物能以前兩足據桶出水而奪之狀甚猙獰戲者謂海豹按山海經北嶽之山諸懷之水出焉其中多鮨魚魚身而犬首郝蘭皋謂極似今海狗豈卽膃肭臍耶

海豹 出混同江等處長三四尺闊二尺許短毛淡綠色有黑點可染黑作帽纓居水涯當

以一豹護守如雁奴之類其皮可飾鞍韉

海龍　大與海豹等毛稍長純灰色京師人每誤指爲江獺皮

海驢　形似驢常於秋月登島産乳皮製雨具雨不能潤今亦罕見船估有得其皮者毛長二寸許晴則毿毿下垂陰則[illegible]綵整整也或以製臥裀者人御之竟夕安寢不善人枕藉魂乃數驚島夷詫其靈不敢蓄也

海牛　形似牛鼉脚鮎毛其皮甚韌可供百用脂可燃燈甯古塔恒産今亦不常有

海猪　類江豚生海中形如豕鼻在腦上作聲噴水直上百數爲羣其子如蠡魚子數萬隨母而行人取子繫島中其母自來就而取之狀大如百斤猪色青黑如鮎有兩乳有雌雄其膏最多和石灰艌船最良有黄肥不可食甯古塔海參崴時有之

哈什蟆　多伏巖中似蝦蟆而大腹又名山哈塞上舊聞錄云長白山之溪谷中産生哈什蟆形似蛙而徧體光滑色淡黑尻無竅不辨雄雌飲而不食不能排泄秋深木落腹輙膨脝累累殭死新雨後腹自生涎雌雄黏合雖力劈之不解涎盡乃離即爲交尾期但不孵卵其遺種何由卒莫能明也剖之腹中滿貯細粒之黑砂有類炭屑兩肋有肪脂質獨瑩白用水漂浸即浮漲色愈潔白如凝脂和以鹽糖作羹醫者云有潤胃養陰之功特自古方藥不載其名據土人云是物吸飲長白山溪水山多産蔘性能補益人云

蚌蛤附東珠　形長曰蚌圓曰蛤東省江河巨流出此尤以牡丹江上游爲多狹而長內孕明珠往時甯安府城南有珍珠河最多混同江及烏拉諸河亦有之採珠者將蛤排立沙內挨次取視去肉取珠然亦時有時不有即有之亦其小者大而光圓不易得也前清貢入內府故烏拉總管署設有櫃子珠採之以進內若農民於春夏間採之爲珠子櫃所知謂爲私採多方詐索相以爲戒現在所售之珠大都在湯原縣唐王河等處居多珍珠河不易有焉

山蠶　一名槲繭放之槲柞等樹春秋收繭練絲爲紬又有綠繭多生山中杏條上綠色堅靭往時箭扣常用之

白蠟蟲　大如蝨芒種後則延緣樹枝食汁吐涎黏於嫩莖化爲白脂乃結成蠟處暑後則剝取謂之蠟渣過白露則黏住難刮其渣煉化濾淨凝成塊即爲蠟甯古塔漢人能自爲蠟燭滿洲近亦效之

蜜蜂　出吉林諸山土人不知養蜜蜂有採樵者採松子於枯樹中得蜂窩其蜜無數漢人敎以煎熬之法始有蜜有白蜜蜜脾蜜尖生蜂蜜蜜蜂在諸山中採食椴花故吉林蜂蜜較他省爲更佳云

蛇　吳振臣甯古塔紀略云余曾於六月中遘一蛇長三四尺以小刀斷爲三四截頃刻即

連又斷四五復接如舊行更速再斷之每斷用木夾牆外擲之有懸於樹上者始不能連後有識者云此即續弦膏弓弦斷處以此膏續之膠固異常雖用之積久他處斷而接處不斷乃無價寶也甚爲惜之

菸　一名淡巴菰即烟草冬可禦寒東三省菸以吉林產爲最佳吉林城南一帶名爲南山菸味濃而香江東一帶名爲東山菸香艷而醇城北邊台菸爲次甯古塔菸名台片獨湯頭溝有地四五晌所生菸葉止有一掌味濃而厚此南山東山台片湯頭溝之所分也通名黃菸捆載入關者最夥爲土人衣食所資

蘑菇　種類不一生於榆者爲榆蘑生於榛者爲榛蘑而榆肉生樹窟中味尤美即古所謂樹雞也蘑菇有凍青羊肚蒿子雞腿銀盤粉子交烏郎鼉子尾等名菌屬巨木雨餘所蒸含苞而毳狀若芝味甘膩鼉子尾即猴頭蘑菇箇莫大於猴頭味莫鮮於雞㙡吉林一省尤爲產蘑之藪生于倒枯松上圓逕一二尺而色白者爲松花蘑最不易獲紫色而散生者爲松散蘑斫伐椴樹俟三年後枯朽而生者爲黃蘑又名凍蘑色深黃生樺木上而有薊者名薊蘑[illegible]生者爲對子蘑秋生者爲花臉蘑特性寒不宜多食耳

蔘　吉林人蔘前清時採禁甚嚴由官設票房領票往採無票則爲私挖有干例禁故土人私挖者隱語曰挖棒棰後改蔘稅此禁稍弛矣蔘性熱往往產山深不見日光處一苗高

數寸苗頭平分數莖每莖五葉以六莖爲最多根亦最佳間有一二莖其根至美是必原根俗呼爲蘆頭以曾經受傷從旁側生苗幹者也採葠者名放山每年放山三次三四月爲放草因百草初生葠芽甫茁也五六月爲放青葠苗成朶而尚青八九月爲放紅以葠苗結子淺紅易認也葠籽落後又曰刷帚頭採後下山曰輟棍皆土人隱語也採葠者或數十人一羣一羣之中有把頭能辨山脈識葠苗其占候察驗純乎心得入山中剝樹皮爲屋名窩棚把頭令其夥排列各間一丈地執一棍名索羅棍以撥撩草挨步注視見有葠苗則量葠之大小刈草成圍而後挖用骨簪撥辨草根恐妨葠之根鬚也挖出後裹以松皮名曰棒槌箭背負下山葠以野葠爲最佳次則移山葠移山者見山中葠苗移置他處而灌溉也再則有種葠種葠但蒔其子其法預將葠籽窖一年再擇一土性相宜之地攪之鬚細湯撒畦中覆之土灰出苗後三四年又復移直一畦排隴揷蒔用七尺五寸之高板棚覆其上春秋二季揭板曝三五次當陰雨連綿亦放兩三次經三四年始採收製造名曰做貨做時先將葠用沸水煮半熟以小毛刷將其浮皮洗淨用白綫小弓將葠紋中塵土剔盡後用冰糖熬淸汁浸葠一二日上火盤烤乾亦有不煮不浸而生刷蒸者名曰麗葠即假高麗葠之粗製法大抵移山葠其佳者與野葠同功種葠則不及同屬一物低昂遠判審其貴賤但辨其根有多節質之堅緻而已吉林出口葠據營口稅關云每年

統計貴賤平均約值出二十五萬餘斤價值三十四五萬餘金焉

松花石　出混同江邊砥石山玉色淨綠光潤細膩可充硯材品埒端歙滑不拒墨澀不滯筆能使松烟浮艷毫穎增輝清高宗有松花石硯銘曰出天漢勝玉英琢爲硯純粹精剏幾摛藻屢省成又松花玉甯古塔山有之今俱不能得

吉林彙徵

第七章 地產

附錄

輿地雜志

吉林省城名曰船廠據史云順治十八年命昂邦章京薩兒吳代造船於此以備征羅刹之用柳邊紀略載萬季野以爲即明永樂間船廠當有所據而云然也又云聞陳敬尹曰吾初至小烏喇尙無造船之命而穿井輒得敗船板及銹鐵釘故今之土人尙稱船廠不稱吉林知其稱名由來久也

寗古塔之名不知始自何時柳邊紀略云寗古者漢言六塔者漢言個相傳有老者生六子遂以名其地

三姓爲滿淸遠祖所居之地爲渥集部之一所居在牡丹松花兩江岸其部有三曰諾雷（一作鬧雷）曰克宜克勒（一作革依克勒）曰祜什哈哩（一作祜什喀禮）所謂三喀喇是也滿語呼三姓爲依蘭喀喇依蘭數之三也喀喇姓也今之依蘭縣蓋截取上二音羅刹外史東方有四子部其一爲愛新覺羅部即滿淸本部譯漢文曰趙姓一爲喀吃克勒部譯漢文曰葛姓其餘二部未審何名但記譯漢文曰蘇姓盧姓想卽諾雷祜什喀哩二部也

關外邊隘往時揷柳結繩以定內外故謂之柳條邊吉省邊門有四曰巴彥鄂佛羅邊門曰伊通邊門曰赫爾蘇邊門曰布爾圖庫邊門巴彥鄂佛羅邊門舊名法特哈以山得名省正

北一百八十里爲伯都訥黑龍江往來孔道東北以額塞哩河爲界邊外皆蒙古科爾沁等部伊通邊門即易屯邊門亦稱一統門省西北一百八十里赫爾蘇邊門即克勒蘇門以河得名省西北四百六十七里布爾圖庫邊門舊名布爾圖庫蘇巴爾漢又名半拉山門蘇巴爾漢滿語塔也以門之東南塔山爲名門外蒙古界省西北五百六十八里自巴彥鄂佛羅邊門至布爾圖庫西威遠堡邊門圍長六百二十二里邊柵高四尺五寸邊壕闊深各一丈

吉林城東之龍潭山亦曰尼什哈山山上有潭曰龍潭周五十餘步水色深碧積雨不溢久旱不減周圍叢樹濃蔭遮冪人莫能測其深淺聞有人以繩繫石投之數十丈未得其底潭之西南有二石穴外狹內闊伏而入僅可容身其洞深黑有風颼颼無敢深入者潭之東南林內有樺木一株高九丈餘圍二尺上下標直枝葉蓊薺清高宗東巡封爲神樹歲時將軍巡撫往祭之光緒末年其樹忽萎又以近旁之小樹指爲襲承之及清祚已移祀典遂廢而小樹亦就枯萎土人遂訝其樹能與國同休戚愚哉

窩集亦曰渥集一曰烏稽又曰阿機吉林有四十八窩集分爲長白山小白山兩系大抵在林木雜叢夏多哈湯人馬難行之處樹密爲窩可以居集皆稱窩集故自長白山及松花江沿岸以及三姓寗古塔等處號爲窩集部往時因人跡稀少採伐甚尠森林茂密蓊蘢彌滿自俄人東清鐵路成後松花江輪船行駛俄遂組成伐木公司所供燃料取給於我翦伐既

多童山濯濯不獨向之所謂窩集者不復能見將來取用既竭仰求於人異時受困悔之已晚不可不預爲籌也（按哈湯即指林中有水而言也）

五國城辨

五國城據遼史營衛部族志係五國部曰剖阿里國（滿洲源流考今譯改博和哩）盆奴里國（今譯改博諾）奧里米國（今譯改鄂羅木）越里篤國（今譯改伊埒圖）越里吉國（今譯改伊勒希）遼史地理志五國部聖宗時來附命居本土以鎮東北境屬黃龍府都部署司五國城當別爲五部斷非一地也高士奇扈從錄謂在羌突哩噶尙楊賓柳邊紀略謂在三萬衛北一千里自此而東分爲五國或云在朝鮮北境或云在伯都訥城强爲解説莫能折衷曹廷杰東三省輿地圖説五國城攷以爲在三姓下自混同江至烏蘇里兩岸之九古城並指希爾哈城爲金徙徽欽二帝之五國城蓋就史稱自韓州徙來道里計之約略當在此處並無確鑿證據也按五國城當在甯古塔上下數百里三姓亦五國城之一不當在混同烏蘇里江岸也北盟會編五國之東接大海出海東青女眞發甲馬千餘人入五國界接東海巢穴取之與五國戰鬭而後得是又明明以五國城瀕海並非在混同烏蘇里江岸也又金史本紀景祖時五國博諾部節度使叛遼鷹路不通景祖襲禽之遼咸雍八年五國穆延部舍音貝勒叛遼鷹路不通景祖伐之舍音敗走是時渤海尙屬遼金乘五國各部叛遼襲而取之即爲滅遼張本故女眞往五國取鷹與遼有關

係也至五國城之當在寗古塔上下尚有歷史地理可證者宋史建炎二年金徙二帝於韓州四年金將立劉豫乃徙二帝於五國城去上京東北千里今沙蘭河站驛旁有二聖墓沙蘭河南岸有古城則二帝所徙之五國城當即在此所云去上京東北千里按之地道亦適相合況徽欽自徙鶻里改路之後未聞再徙鶻里改路即呼里改路則以沙蘭河旁之古城爲徙二帝之五國城確無疑義元一統志開元路南鎮長白之山北侵鯨川之海三京故國五國舊城東北一都會也所云三京當在東京張賁東京記寗公台西南六十里曰沙嶺嶺東十餘里有古城焉土人相傳爲東京五國城當即此也又遼史東京遼州始平軍拂捏國部即今寗古塔西南八十里古城俗稱東京城拂涅博諾聲音相類其地接長白山之北跨海之南或即博諾故城歟遼史五國城隸黃龍府都部署司金則改隸瑚爾哈路金史地理志瑚爾哈路西至上京六百三十里案盛京通志滿洲源流考瑚爾哈河南岸有火茸城俗名古大城宮殿舊址猶存金呼爲爾哈路亦統於上京當亦五國城之一也前清聖武記三姓城在寗古塔東北五國頭城在焉寗古塔東三百里有依問哈喇土城即五國城故址是三姓爲五國城之一所云五國頭城者蓋由金上京往甯古塔以三姓當其先路故曰五國頭城至依間哈喇城今雖無地址可考而其爲五國城無疑也又陶宗儀輟耕錄高麗以北名別十八里譯言連五城也元史譯文証補云回語五爲別十城爲八里故又謂五國城之

朝鮮北境以今攷之琿春縣北六十里爲明之密拉衛俗名密江今屬琿春德化鄉有古城一又琿春北俗名陰陽坎距離十二里之半拉城紅溪河南十五里之小城子又河南二十里之碾子山前又東六道溝營城子各有古城計琿春左右二百里間有古城五土人均呼爲高麗遺迹今所謂五國城或即指此然其地去遼太遠按之前史均不符合又嘯亭雜錄謂五國城古稱五國頭城以地據五國總路之首得名設節度領之屬黃龍府遺址今在何所無可考乾隆中副都統綽克築伯都訥城掘得檀匣宋徽宗所畫鷹軸又古瓷數十件並得碑碣錄宋徽宗晚年日記云於天會十三年寄迹於此業經數載始知五國城即此地是以伯都訥爲五國頭城不知當日徽宗遷徙不止一處不得以遺跡所在即爲五國城也

謫戍人物考

關東流放罪臣不自清廷始也明代永樂以後文臣武將遷謫於此寔多天順復辟尙書王直故有使我在閣今當不免遼陽之行之語但見於明史悉以鐵嶺衛爲戍所初無旁及者至清康熙二十二年剷平吳三桂所有罪人悉戍於開原之尙陽堡（滿語稱其地爲尼台堪尼台堪漢人之謂也）蓋亦踵明代舊例耳至後又有羅刹之亂遍設軍台凡遣戍人俱稱台丁給田耕種今所謂站地是也乾隆初謂漢人放逐既多恐滿人染習下詔禁止惟遣發黑龍江給披甲人索倫赫哲人爲奴終未改耳

吴兆騫字漢槎江蘇吴江人幼慧傲放自矜在塾中見同輩所脱帽輒取溺之塾師責問兆騫曰居俗人頭何如盛溺師歎曰他日必以高名買禍順治三年舉鄉試主試官杭州錢開宗嚴州方猷因通關節物議沸騰達於京師清帝震怒勅部嚴加覆試黜落舉人三十餘名主考房官二十二人刑於市兆騫因不肯就覆試爲言官所劾謫戍甯古塔二十三年以故人顧貞觀百方營救始得赦歸先是明珠當國其子成德夙知漢槎之才而與顧貞觀善貞觀爲漢槎求援於成德成德許之期以十年顧爲泫然曰人壽幾何因譜金縷曲二闋寄吴蓋傷其遇之不終而思所以慰藉之也成德見之泣下曰山陽思舊之作都尉河梁之什並此而三矣不玉成此事非人也遂力言於内納贖始放歸兆騫著有秋笳集子振臣生成所學問淹貫著有甯古塔紀略與兆騫同時謫戍此地計有七人故當時號稱七謫會七謫者張縉彦字公坦兆騫目爲河朔英靈有江左風味江甯姚琢之詩如春林翡翠時炫采色湖州錢虞仲方叔丹季兄弟三人震澤錢威字德維亦是科舉人與兆騫同謫者議論雄辨詩格蒼老山陰楊友聲鐵面虬髯詩甚清麗此外又有海陵陳編修志紀字雁羣康熙間上書論督撫大吏貪汚又勸上用威刑忤聖意遣戍甯古塔與兆騫情致殊深唱酬亦富而從學者閩人陳光啟字昭令秀而好學兆騫謂北州少年此爲之冠以上諸人或賜環歸國或永葬冰天載籍無徵知泯歿者多矣

附錄顧貞觀金縷曲詞二闋

季子平安否便歸來生平萬事那堪回首行路悠悠誰慰藉母老家貧子幼記不起從前杯酒魑魅捉人應見慣料輸他覆雨翻雲手氷與雪周旋久　淚痕莫滴牛衣透數天涯團圞骨肉幾家能彀比視紅顏多薄命更不如今還有祇絕塞苦寒難受廿載包胥承一諾盼烏頭馬角終相救置此札懷君袖

我亦飄零久十年來深恩負盡死生師友夙昔齊名非忝竊試看杜陵窮瘦曾不減夜郎僝僽薄命長辭知己別問人生到此凄凉否千萬恨爲兄剖　兄生辛未我丁丑共些時冰霜摧折早衰蒲柳詞賦從今須少作留取心魂相守但願得河清人壽歸日急翻行戍稿把空名料理傳身後言不盡觀頓首

楊越字友聲浙江山陰人明諸生明社既屋散貲結客將有所爲未果也其友以起兵下獄密書乞援邏者獲焉逮戍甯古塔既至戍所於其鄉人教以誦書作字暨禮讓之節所在化之至同遣者生養死葬婚嫁皆助所不給皆曰楊夫子來晚云卒於戍故事死謫戍者不得還葬子賓衰服跪刑部兵部門號泣陳訴越四百五十有五日愴動行路當事者爲求比例遂得請賓乃扶柩奉母范歸臨行時甯古塔人設祭相屬於道有持賓號泣如送所親焉賓著有柳邊紀略

浙人戚祥麟清翰林侍讀學士精數學能占晴雨不瀹晷刻以事遣戍寧古塔嘗語人曰吾不能逆睹免禍亦數也然某年當歸已果賜環

葉之馨四川巴縣人雲南大理府理刑居官有善政恥服滿制衣冠嘗以薙髮爲恨聞吳三桂起兵隻身往從之領一軍攻蜀三桂敗遣戍寧古塔

清康熙中滿洲科臣圖爾泰葉赫巨族也與明珠同族不善所爲嘗劾奏滿臣權重漢人之官六部九卿奉行文書而已滿人謦欬無敢違者殊非立政之體以忤權臣謫尙陽堡尙理學於戍所自置周程張朱四先生祠朝夕禮拜人笑之亦不顧也若而人者殆亦滿族之鐵中錚錚庸中佼佼者已

李光遠蓬萊人清初爲饒陽令後以明崇禎三太子定王案株連遣戍伯都訥初光遠家居時定王敎讀山左張岱霖家冒浙籍更姓張號潛齋光遠見其豐標秀整言論儒雅時以文字相往來訂爲莫逆交不知其爲明定王也後光遠宰饒陽定王過饒邑越宿而去又十餘年光遠解任歸定王携眷往依之遂館於其家爲課孫焉越二年因賊黨誣稱扶定王光復明祚爲偵者所知同被逮定王棄市光遠流徙三千里發配伯都訥此案牽連餘人同時發配寧古塔齊齊哈爾城（按定王名慈焕崇禎第三子近人魏聲和著雞林舊聞錄載有李光遠撰張先生傳卽定王也傳中述此案本末最詳）

吳郡金喟字聖歎少有才名性放誕出詞罔忌初補博士弟子員以歲試文怪誕被黜明年

科試易名人瑞文宗某拔置第一仍復儒冠嘗謂世有才子書六蓋離騷莊子史記杜詩及施氏水滸傳王實甫西廂記也遍加評語批論透闢識見精到謂爲金批盛行吳下順治庚子哭廟案金與焉聞是獄之興爲知吳縣事山西任某以非刑預征課稅生員薛爾張等因民忿鳴鐘擊鼓入文廟哭泣諸生不期而至者百餘人時適淸順治帝哀詔至蘇設幕府堂巡撫率官紳哭臨諸生旋造府堂進揭帖而繼至及觀者復有千人羣聲雷動詈逐任令撫臣大駭命執之即獲諸生倪用賓等十一人餘皆星散旋有教授程邑參任令六欵而金人瑞十弗見之訕又陰指撫臣撫院朱素性刻忌必欲殺金等而後快遂以恃符抗納任令比追遽遭怨謗致當哀詔初臨日集衆千百上驚先帝之靈但邑令命官民稱父母該生等擅敢於哭臨之際聲言扛打似此目無法紀深恐搖動人心等語密疏具奏既上發欽差大臣赴江甯公審獄成奏覆倪用賓等於遺詔方到鳴鐘擊鼓糾黨千人倡亂訐告擬不分首從斬决妻子財產入官於是同時死者一十八人爲倪用賓沈玥顧偉業張韓來獻祺丁觀生朱時若朱章培周江姚剛徐玠葉琪薛爾張丁子偉金人瑞王仲儒唐堯治馮郅也嗚呼官吏之淫威文網之嚴密文人苟非韜晦自全鮮有不遭殺身之慘禍者況放誕不羈如聖歎哉當人瑞在獄時付書於妻曰殺頭至痛也籍沒至慘也而聖歎以無意得之不亦異乎故其臨難時口誦一絶云天公喪母地丁憂萬里江山盡白頭（時方大雪）明日太陽來作弔家家檐

下淚珠流其狂誕至死不易也聞聖歎被難之先請乩仙問終身事判云斷牛不解其故及難發後其子流竄至甯古塔見屋後有一斷碣祇存一牛字始悟乩仙斷牛之讖云聖歎子孫遂流落甯古塔今甯安縣東北二十餘里有金家窩棚金姓數家皆聖歎裔也

汪景祺錢塘人在年羹堯幕中作讀書堂西征隨筆其所作詩甚多指斥時事又譏議清祖祖諡法雍正年號又作功臣不可爲論以檀道濟蕭懿比年羹堯坐大逆不道斬梟妻子發黑龍江爲奴期親兄弟叔姪發甯古塔爲奴

石門呂留良字晚村薦舉博學鴻詞科不就著有四書講義語錄語類日記諸說篇皆於經義之中寄種族之痛以喚起民人亡國之憤惜其著作在清雍正朝全書焚燬無從考證文字之獄由於湖南曾靜家居憤鬱遣其徒張熙詭名投書於岳鍾琪勸以同謀舉義事未成獄興詞連留良卅宗嚴治之並將留良所著日記等書追出遂興大獄株連甚多時留良已死其子呂葆中因一念和尚謀叛案亦以憂懼先死遂僇呂留良及其子呂葆中屍次子呂毅中斬決孫發配齊齊哈爾於是漢人之義憤大起甘鳳池輩日從事於暗殺留良之孫女精劍術爲祖父復仇相傳世宗之死即爲其所刺殺云

嚴鴻逵亦與留良同黨著有日記內載怪風震雷肆抵清朝因留良株連亦戮屍其孫發甯古塔給與披甲人爲奴又據甯古塔紀略謂婦人跣足露脛敲冰出汲擔頭號哭皆中原貴

族發配此地者惜當日未能詳載姓氏蓋康熙雍正時甯古塔流人最多今已不可考矣

附錄 謫戍人物考

金石考

吉林金石自金時始有之迄今所發見者大半屬阿勒楚喀一帶地方爲多蓋阿勒楚喀城爲金上京會甯府故址也今尚有朝門宮殿遺址荒台廢苑舊礎猶存土人掘地往往得金代遺物及古印宋錢之類蓋女眞入我中原漸知文化振興學校崇尚儒風於是潤色鴻業紀述豐功泐之於石以期誇耀後世今石刻之僅存者以得勝陀碑完顏希尹碑□同三司代國公六碣雖經風霜剝蝕字漸糢糊剔蘚剜苔尚有可証餘則盡歸漸滅考古者無從搜輯耳至永甯寺兩碑今已淪入異域此外恐尚有古劍泉刀殘碑斷碣沈埋於荆榛蔓草中者不知凡幾茲就所已出土者以文煩不能備載錄存其目以俟訪古者得所資考焉

合重渾謀克印

柳邊紀略云康熙丙寅年沙爾虎舊城掘一銅章傳送禮部大若州印面篆合重渾謀克印六字背左一行楷書如回文右一行刻大同二年少府監造八字按大同遼世宗年號而謀克則世傳金爵也今觀斯印則金未建國號爲遼屬國時已有斯爵而後特廣之耳

上京東京等路安撫司印

烟岡集開墾時農人耕地得此印按金百官志承安三年以上京東京等提刑司併爲一提刑使兼宣撫使覆改宣撫爲安撫安撫司掌撫人民譏察邊防軍旅審錄重刑仍專管

明安穆昆（金制兵隊之首領曰總管其下有明安有穆昆有章京）教習武藝及令本土純愿風俗不改安撫使副內差一員於咸平一員於上京分司四年罷咸平分司使在上京副在東京使正三品副正四品志稱三品印方一寸五分半今印得建初尺三寸强得今工匠尺二寸一分强是金官尺長於今尺四寸餘矣

彈壓所印

印在今賓縣城廟內背鐫興定二年按金百官志無此名惟提舉倉場司注載興定五年敕置潼關倉監支納一員兼樞密院彈壓是彈壓所蓋屬樞密或偶置旋罷故志不載印仿建初尺三寸弱以安撫司印度之蓋四品官也

寶山衛指揮使司之印

會城東北小城土人耕地得此印背鐫永樂六年文篆作九疊明史志云三品銅印方二寸七分今量得建初尺三寸九分弱今工匠尺二寸七分强

總統府印幕

據近人魏聲和塞上舊聞錄民國元年東甯廳懇民鋤地得銅印一方二寸高七分篆文曰總統府印幕旁有貞佑二年造五字銅質銹蝕筆畫尚整現存廳署中按貞佑金章宗年號是年金於上京諸路郡縣頗多建置如升咸平路之玉山縣爲節度亦在是年今東

甯廳金率賓路也

柳邊紀畧載福建陳昭令於沙蘭北掘一鏡長四分闊二寸五分四角皆委上凸下凹皆有紐在其端有篆文曰偕雖罔旁象二龍而各加劔於首一象水波紋又甯古塔紀畧甯古塔有人掘一鏡背鑄銘兩行左一行不可辨右一行曰不劔而鏡又宣統二年延吉府二道溝口西古城裏土人掘得萬戸侯銅方印一顆爲延吉廳教諭溫迎宸携去又有人掘得銅方印一顆篆曰副統所印上面鐫貞佑十一年禮部造八字想是總統府屬之副統爲後時所添置也并記於此

金得勝陀碑

在伯都納北石碑嶺其地爲金太祖誓師之地當金攻遼時太祖先次察晦城諸路軍皆會於拉林水進軍甯江州十月朔克其城明年收國元年克黃龍府遂平渤海遼陽等五十四州此碑蓋大定五年追述太祖會軍於拉林水時誓師之事碑爲趙可撰文孫侯書丹黨懷英篆額高七尺餘寬三尺二寸正面三十行最長一行七十八字正書額題大金得勝陀頭碑六字篆碑陰十二行女眞字不可辨識考完顏希尹傳太祖命撰本國字天輔三年頒行後熙宗亦製女眞字希尹所撰謂之大字熙宗所撰謂之小字檢金石萃編載金皇弟都統君行記每字以兩三字合成如琴譜之䂓㢡字蓋女眞大字也此碑與萃

編所載國書碑同盖女眞小字也按女眞書與淸書蒙文均不類淸書蒙文皆取元國師拔思巴所製四十九字毋女眞則點竄漢文而成字也

金完顏婁室碑

據云在薄屯由地名石碑泡碑高八尺八寸闊四尺五寸厚一尺二寸項高三尺正書南面鏤蛟龍其陰殘毁其陽篆二十字作五行文曰大金開府儀同三司金源郡壯義王完顏公神道碑王彥潛撰文任詢書左光慶篆額按薄屯山今爲伊通州境碑已佚今從柳邊紀略錄其文是康熙中尙在也滿洲源流考引已不全則其逸當在乾隆時今已無可考矣

金完顏希尹碑

在吉林府東北二百里小城子正面二十七行碑陰二十四行行五十六字正書額題大金尙書左丞相金源郡貞憲王完顏神道碑篆書王彥潛撰文任詢書左光慶篆額據吉林將軍長順記云吉林有事通志甄及金石楊司馬同桂物色得此碑已中斷矣楊以覗余漫滅十二三顧其事有史傳未及者史言熈宗以詔賜死碑述所由則言嘗以禮裁抑后大忤后旨其死后譖之（按原碑文中云自悼后正位中宮以巧慧當帝意頗干預外政王杜過其漸每以正理口口由是大忤后旨得罪曖昧或者以爲后之譖焉）夫彼婦之口可以出走也聖人且歌焉何有於希尹也哉而世謂金石可補史闕以此抑今去碑

所自立八百年有奇耳漫滅若是則以貌石質沙易泐又考古所宜知也以古跡之不可聽其湮也命鍛人拑而立焉因題以識云云按此碑與婁寶碑同時立故撰書篆額人皆同今婁寶碑已逸此碑獨以晚出得傳亦其幸也史稱任詢書爲當時第一元好問評任南麓書如老法家斷獄網密文峻未免嚴而少恩此碑純法平原莊肅氣象尤能令人目悚南麓詢別字也光慶史言其善篆隸尤工大字世宗行郊祀受尊號及受命寶皆光慶篆凡宮廟牓署經光慶書者人稱其有法此額篆體遒勁具有古法知史言爲不虛也

□同三司代國公之□

太子少傳之墓

奴哥馬郎君之墓

畏合裴羊古之墓

悟輦明威之墓

阿尹太夫人之墓

按六碣均在完顏希尹墓碑左右十餘里每碣之右書大定十年歲次庚寅十一月丁丑朔初八日甲申謹記首作圭形面刻雲水紋代國公四碣高一尺七寸馬郎君裴羊古二碣高一尺五寸廣八寸字大二寸許作徐浩體以地與史證之代國即歡都太子少傳則

歡都次子希尹弟謀演也歡都傳子謀演當阿注阿之難從歡都代爲質後與宗峻俱侍太祖宗峻坐謀演上上怒命坐其下勃堇老勃論拔合汝轄拔速三人爭千戶上曰汝輩能如歡都父子有勞於國者乎乃命謀演爲千戶天輔五年卒天會十五年贈太子少傅餘四碣蓋亦歡都之族合葬於是大定十年始補立墓碣耳考金史語解畏合即威赫牙也裴羊古即費揚古季子明威將軍見百官志蓋武散官堦之正五品也

道士曹道清碑

在賓縣境吉林通志僅錄其文碑爲泉安四年夏五月初五日大虛崇道邑糺首提點郭顏溫等立石尺寸行款均未詳惟銘文其銘曰改作其錄曰實爲金石遺文所僅見可以知當時文字之陋糺字字書所無遼史百官志有十二糺軍軍名轄者管束之義金百官志諸糺詳穩一員掌守禦邊堡語解諸糺邊戍之官提點盖經理廟宇者如宋時宮觀有提舉提點是也

阿什哈達磨崖字

在吉林城東十二里江邊字四行多刓缺首行書奉天遺與孔兵馬陣前將軍遼東郡同都指揮使劉書第二行丁未十八年領軍至此第三行洪熙元年領軍至此第四行口口七年領軍至此按遼東設郡如於燕秦都指揮使司之設始於明洪武八年此明官而仍

題遼東郡盖猶文士以古名施於今地之陋習耳又考洪武以後洪熙以前兩遇十八年皆非丁未丁未二年疑爲永樂之剥文考明史洪武二十六年遼東都指揮使司奏朝鮮招引女眞五百餘人欲入寇盖洪武永樂間嘗用兵女眞故領軍得以至此也

勑修努兒干永甯碑記

在松花江下游特林地方碑二十七行行六十二字正書案是碑無年月碑中有永口九年春遣内官亦失喀等知是永樂年立字跡剥落僅存十分之二餘俱無可辨惟後銜名自十八行自二十七行尚可認識今入俄羅斯阿穆爾省境

重建永甯寺碑

亦在特林地方記文二十行四十三字正書後銜十行可辨者三行餘俱泐明宣德九年立碑陰有蒙古字不可識碑側惟唵嘛呢叭嚰吽六字漢文可識餘皆蒙古字不可辨按此二碑一立於永樂中一立於宣德八年皆紀太監亦失哈征服奴兒干及東海苦夷事考奴兒干之地始見於元史地理志有俊禽曰海東青由海外飛來至奴兒干明一統志云女眞北至奴兒干北海正在今混同江兩岸爲費雅喀奇勒爾各部所居明會典永樂二年女眞野人來朝其後悉境歸附九年始設奴兒干都司柳邊紀略載威伊克阿林碑言威伊克極東北大山也上無樹木惟生青苔厚長三四寸康熙庚午與阿羅斯分界鑲

藍旗固由阿眞巴海等分三道往視一從享烏喇入一從格林必拉入一從北海繞入所見皆同遂立碑於山上碑刊滿洲阿羅斯喀爾喀文曹廷杰日記謂紀略所言碑刻三體字今此碑實六體字是否即楊賓所謂威伊克阿林碑未能臆斷然以所載三道路往視之道計之則道里相合蓋威伊克阿林在混同江南岸奇吉泊下今其地名特林即威伊克阿林之合音豈分界時即以三體字文刻於明人舊碑之上耶查此碑載亦失哈征服奴兒干明史無可考明史百官志及宦官傳大監鄭和嘗率兵二萬行賞西洋古里滿剌加諸國西域則使李達迤北則使海童而西番則率使侯顯亦失哈亦以太監前後三至絕域勒碑而還紀傳皆無一語及之非此碑僅存則明代用兵東北之事竟無可考金石可以補史家之闕此也前碑碑陰皆蒙古字無異體文後題名有書蒙古字阿魯不花一人是此一體字爲當時所書無疑楊賓即以爲三體界碑其說無所稽考曹廷杰當日親見此碑並有搨本以爲六體書并非無據至於分界之說不無疑義康熙年並無與俄立碑之事況當日與俄分界在阿爾古納河自此以東東北及海以外庫葉爾島皆吉林屬地特林在海以內地豈有分界立碑即內蹙百里地殊令人大惑不解也

阿勒楚喀城爲金上京故址往年土人掘地得斷碑作八分書中有云西眺辟廱儒生盛於東觀又張賁東京記甯古塔西南有古城名火茸城土人相傳曰東京蓋金故都也亦

有掘得斷碑有下瞰臺城儒生盛於東觀十字皆漢文字畫莊楷蓋國學碑也觀此則知金之建國荒漢重學尊儒金史謂世宗大定十六年令京外設女眞學後又立大學而選明安穆昆子弟肄業其中上京東京均有大學知當時學校林立不止一處也又嘯亭雜錄乾隆中伯都納都統綽克托築城掘得碑碣錄宋徽宗晚年日記[illegible]得其崖略云於又會十三年寄跡於此業經數載又塞上舊聞錄阿勒楚喀城址昨年得一六角石塔一級上刊上京會甯府寶勝寺僧人口口碑銘誌字跡已多糢糊可辨識者得二十九字僧保和縣人俗姓于氏天慶口年生人十一歲父母許放出家口到本府興圓寺至皇統元年試經受戒今石文存阿城縣署又甯古塔安珠瑚於福兒喀河邊得一殘碑僅五行合七字首行曰上順國次曰不次曰字次曰歸次田佃見甯古塔紀略又曹廷杰筆記雙城子有古碑字跡剝蝕僅存台二字台字旁寫疑有闕筆相傳原文有寬永十三年湖北進馬三千四二語諦視之惟寬永十三年湖北進馬九字尙仿佛可識三千四三字已屬烏有其曰湖北當指興凱湖以北碑乘以贔屭有石人石馬在前似爲日本古墓今被俄人毀壞並碑之上半亦鑿爲堦礎仿寰宇訪碑例因並記之